JN246503

旅の反復
世界のウチナーンチュを訪ねて
―父と娘の旅道中

組原 洋

学文社

まえがき

私は2013年10月に『旅の深層―行き着くところが、行きたいところ　アフリカ、ブラジル、ダバオ　回遊』と題する本を学文社から出版した。内容は、私が沖縄大学の専任教員として働いている間に行った旅の中からいくつか選んで、まとめたものである。他にもまとめたい旅はあったので、この本のあとがきの末尾にも「現在、心はすでに次の本づくりに向かっている」と書いた。それを、一部分だが果たしたのが本書で、あとがきを書いてから4年経った。

本書の題名に出ている「ウチナーンチュ」というのは沖縄（主に沖縄本島内）の言葉で、「ウチナー」は「沖縄」、「ンチュ」は「の人」の意味である。沖縄は移民として海外に出た人が多いところで、本書はウチナーンチュ移民の方々を訪問したときの記録をまとめたものである。

このような旅を繰り返し続けることになったのは、私がウチナーンチュ移民の多いラテンアメリカに興味を持ち続けているからであるが、娘の組原慎子がウチナーンチュの移民に関するテーマで博士論文を作成していたことも大いに関係している。

その娘の博士論文が2016年3月に出来上がった。旅先でお世話になった人々に報告する必要もあるので、いずれ本にするのかと思っていたのだが、娘は博士課程を修了後、すぐに旅行会社に就職し、そもそも本づくりをする時間的な余裕もない様子だった。そして、最近、娘の博論はネットで読めるようになっていることが分かったので、博論をそのまま本にするということの意味はあまりなくなった。そこで娘に代わって旅行記として本書をまとめた。

私はもともと難聴だったが、娘とハワイに行った前後から急速に聴力が落ちていって、2013年頃には自分の声が聞こえないような状態だった。それで、耳がわりに娘に同行してもらうことが増えた。その後私は、定年直後の2014年6月に左耳に、同年11月に右耳に人工内耳をつけてもらった結果、飛躍的に聴力が高まり、また一人で十分に旅行できるようになっている。だから結果的に、本書で取り上げた旅は私が失聴する前に娘と一緒に旅をしたときの記録となっている。一緒に旅をしてみると、一人で旅をするよりずっとうまくいくことが非常に多かった。

私は毎日一太郎画面で1頁（原稿用紙4枚）ずつ書くことを習慣にしている。最近「「年を取った男はさすらうべき」か」という題で書いているのだが、満70歳を迎える手前の段階で、さすらうべき、と言える状況にある自分を幸運と感じている。旅はこれからも続くだろう。そして、まだまとめていない若い頃の旅もある。これらもできれば順次本にまとめていければと考えている。

こういうわけで、旅の現場が私の学習の場であることは、『旅の深層』を書いたときからまったく変わっていない。出会った人々への感謝を込めて、これらの人々に「ありがとう」を言いたい。

目次

第1章　2008年ハワイの旅

ナカイマ さん（左）とフジモトさん
（ハワイ島ヒロにて 2008 年 3 月 14 日撮影）

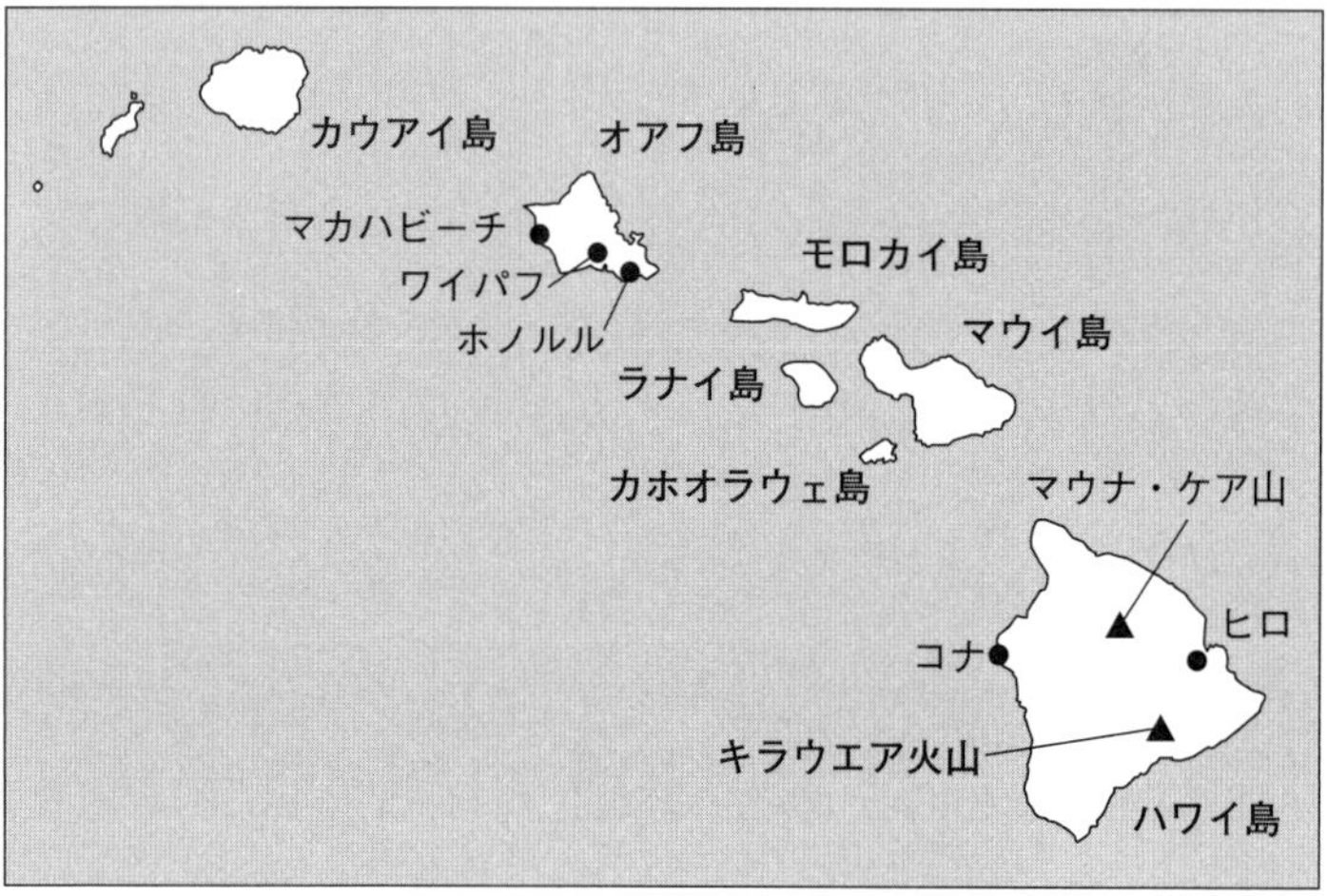
カウアイ島
オアフ島
マカハビーチ
ワイパフ
ホノルル
モロカイ島
マウイ島
ラナイ島
カホオラウェ島
マウナ・ケア山
ヒロ
コナ
キラウエア火山
ハワイ島

2008年3月に私は娘とハワイに行った。これが海外にある沖縄県人会などを意識的に訪問するようになった最初の旅である。

それまでも、海外でウチナーンチュに会うことはしばしばあった。特に中南米では、努力しなくてもたまたまウチナーンチュに会うことは珍しくない。そもそも沖縄に来たのも海外で会ったウチナーンチュの故郷を見てみたいということもあった。

しかし、こんなにもまとめて出会ったのは初めてであるし、ウチナーンチュのネットワークを意識して動くようになったのもこの旅以来である。そして、これによって、現に住んでいる沖縄自体のイメージも様々な意味で変化があった。

この年の1月に娘は修士論文を提出した。「ウチナーネットワークの形成」という題で、大学の卒論が沖縄独立論に関係したものであったことから、沖縄は従属の歴史が長かったことから始まり、それに続いて、ウチナーンチュのネットワークについて書いていて、海外移民については主にハワイの移民について、文献研究結果をまとめている。しかし、実際には娘はまだハワイに行ったことはなかった。沖縄のあり方と比較して、修士論文では娘が実際に行ったブータンとスペインのバスクが取りあげられている。

その後娘は、同年2月16日に博士課程の入試を受け、同月21日に合格した。ということで、博士課程では修士課程の続きをすることになるだろうからとりあえず一緒にハワイに行ってみよう、ということになったものである。

２００８年のハワイ旅行については、私は簡単な旅日記を書いているが、娘が書いた日記は細かく具体的である。だから、むしろ娘の日記をベースにした方が書きやすいかもしれないが、娘が書いた部分はカッコ（〝〟）にいれて、チャンポンの形で書き進めていくことにしたい。

２００８年3月10日（月曜日）、成田からノースウエスト22便でホノルルに向かい、同日9時頃着いた（日本時間より19時間遅い）。

バスでワイキキのＤＦＳに行って、そこにあるツアー会社で説明を受けた。3泊分ホテルパックになっていた関係でそうなった。私は娘と、ＤＦＳ前のショッピングセンター地下にある旅行社で、ハワイ島へのチケットとレンタカーをセットした。ここでセットしているとき、娘は別の案内をしていた日本人女性と話し始めた。彼女は友達に電話をかけ、沖縄県人会の住所をきいてくれて、あと沖縄の人がやっているレストランも教えてくれた。沖縄県人会に彼女が直接電話をしてくれて、開館時間などもきいてくれたのである。彼女はハワイに3年住んでいて、その前はロサンゼルスに11年住んでいたそうで、日本語を少し忘れかけていたという。娘がハワイ大学にも行ってみたいが、ときくと、4番のバスに乗ればいいとのことだった。娘によれば、彼女は、「仕事を終えて、送っていってもいいけど」とも、「暇だから」とも言っていたそうだ。こうしてしょっぱなから、全然知らない人とも親しくなって、話が始まるという娘の特技が出た。このパターンが今も続いている。

ホテルまでの距離が分からなかったので、タクシーで正午にホテルに着いた。眠かったのだが、時差ボケを抜くために頑張って出て、まず、近くのABCというコンビニのような店でザ・バスの1カ月定期（3月中有効）を買った。4日分20ドルと1カ月分40ドルとがあるが、1カ月分のものを買うことにした。

それからアラモアナセンターに行って、そこでそうめんの弁当を買って食べた。日本で食べるのと全く変わらない味である。

オアフ島をざっとみてみようと思って、アラモアナセンターから55番のバスに乗ってポリネシア文化センターまで行く。以前行ったときの記憶ではそんなに時間はかからなかったように思うのだが、ホノルルの中心部が渋滞していて、予想外に時間がかかり、着いてみたらもうじき閉まる時間になっていた。ほんのちょっとだけで引きあげてホノルルに戻ってきた。

〝バスに乗っているといろんな光景が見られて、何となくワイルドな雰囲気が、少しカルチャーショックみたいに感じられた〟と娘は書いている。黙っている娘の横顔をみたら、疲れているようにも、落ち込んでいるようにも見えた。それまで娘と外国はあちこち旅行してきて、落ち込んだように見えたのは、オランダ・ベルギーの図書館の旅の時ぐらいしか記憶がない。娘は珍しいものをみるとむしろ元気になるタイプである。ハワイの景観がワイルドと言われると、そうだなとも思う。特に、夕暮れになって暗くなっていくときはそんな感じがする。

ちょっと雨が降っていたが、長くは続かない。夕食はホテル内のロビーのそばにあるレストランで食べた。

〝一人分は多いと思い、父とシェアした。意外と一人分を一人でもたべられたかもしれない。もう少し食べられる気がした。〟と娘は書いている。洗濯をしてから寝た。

11日（火曜日）は昼までゆっくりした。娘に言わせれば、

〝ホテルから見える海はブルーのグラデーションになっている〟

そんな感じだった。

それから前日教えてもらった沖縄料理店「サンライズ」まで歩いて行った。歩いていると行き過ぎていたことに気がついた。そこで、場所を確認するためガイドブックの地図を見ていると、現地に住んでいると思われる日本人の女性が声をかけてくれた。ついでに彼女に沖縄県人会の住所をみせてみると、電話番号からしてかなり遠い場所であろうとのことだった。

午後2時頃サンライズに着いた。店内に入ってみると店主の玉寄朝勝さんが出てきて、営業時間ではないという。しかし、いろいろ親切に話をしてくれた。明日沖縄県人会に行く予定だ、と言ったら、奥さんがラジオのアナウンサーで、月曜日から金曜日まで番組を放送しているということで、行き方を電話できいてくれた。これはあとの話だが、沖縄県人会への行き方について奥さんが番組で取りあげたようで、その番組をきいたという人がいた。日本語放送である。

いったん引き上げて、アラモアナに行って、野菜カレーを食べ、本屋で地図を買って、コーヒー

を飲んだ。沖縄県人会に電話して、バスでの行き方をきいた。あと、娘と一緒にワイキキをダイヤモンドヘッドあたりまで歩いた。

夕方7時半頃再びサンライズに行く。繁盛していた。われわれはカウンター席に座る。奥さんもラジオ番組の仕事を終えて手伝っていた。結婚してまだ1カ月だそうで、奥さんには娘さんが二人いる。奥さんのお父さんもわれわれの隣に座っていた。

〝74歳で、退職後、娘さんもいるためハワイには13回ほどきているそうだ。名刺には、明治大学体育会の馬術部と書かれていた。ダイドーの特殊鋼で69歳まで働いていたそうで、娘さんを母親任せで子どもを育ててきたので、今はハワイへ応援に来ていると言っていた。〟

玉寄さんは一世で、お父さんは首里、お母さんはエイサーで有名な屋慶名（うるま市与那城）出身である。

お店に沖縄の読谷村長浜出身の男性がいて、いろいろ話してくれた。

〝1959年生まれ、ハワイに来て28年。あの長いリムジン車を運転しているそうだ。それをきいて父は「ゲッ、やくざ（の車）だね」と。ガイドや結婚式の時に利用されるそうだ。1時間50ドルだそう。旅行会社の車は1時間75ドルなので、それと比較すれば安い。ガソリン代が上がってやりくりが大変。結婚は二度したそうで、疲れてしまったからもうしない、と。しかし、別れたら、もとの奥さんと距離ができて仲よくなったそうだ。一度目の奥さんとの娘さんが二人、22歳と24歳で、ハワイ大学教育学部にいるそうだ。卒業後はマスターコースへ進む。学校の先生はマスターあるなしで年に1万ドルの差がある。ハワイは学校は無料だが、その分税金が年間1万ドルを超えるそうである。国と州それぞれの税金があり、州ごとに違うそうだ。ハワイにいるウチナーンチュは、方言も日本語も話す。読谷からも多く来ていて、読谷の村人会がある。北谷、豊見城、と全部あるそうだ。彼の親戚はボリビア、ブラジルなどにも行っているという。〟

9時過ぎに引きあげてきたが、徒歩での帰り道、バスはもう終わってしまったのか全然通っていなかった。

12日(水曜日)、午前中出て、82番のバスでワイパフというところに行く。オアフ島の中央部に向かって緩やかに登っていく感じ。1時間15分ぐらいかかった。一つ手前のバス停で降りてしまったため、近くの建物に入って道をきいてみると、「オキナワンコミュニティーセンターだね」とすぐに地図を書いて教えてくれた。バス停一つ分でも歩いたら結構距離があったが、おかげで周辺の様子がよく分かった。

ハワイ沖縄センターは立派なものだった。大きなホールに小さい建物がいくつかある。シーサーがホールの入り口に置かれ、當山久三の石碑などもあった。ホールで何かのイベントの準備をしている人たちが行き来していて、沖縄の顔に見えたが、英語を話していた。

ホール横の小さい方の建物へ向かうと女の人が出てきた。英語で挨拶した。勢理客《せりきゃく》ジェーン藤枝さん。1993年から1年間沖縄連合会の会長を、女性としては初めて務めたそうだ。建物の中には、宮平正さん、宮城《みやしろ》バーニ直美さんがいて、話や説明をしてくれた。

このセンターは、沖縄県人の移住90周年を記念して1990年6月に完成した。総工費11億2000万円のうち、沖縄側の募金運動で3億4000万円が集められたとのことである。以下に宮平さんと宮城さんからきいた話を娘のメモをもとに記す。

ハワイにいる沖縄県系人の80％がオアフ島にいる。ワイパフに建物が建ててあるのは、ワイキキは地代が高いからである。沖縄連合会はほとんどボランティアで運営されている。

出身地を知らないと話にならない。だから、沖縄の人に会ったら、まず出身地を聞く。両親、祖父母などの出身市町村が答えられなければ、調べてもらう。ハワイに住む沖縄県系人で、自分の祖父母の出身地がわからないという人は多いようで、連合会のデータベースなどで調べられるようになっていた。同姓同名が多いので、さらに生年月日やハワイへ来た日などの詳細が記載されている。宮城さんによると家系図研究会というものがあり、公文書館などから持ってきた書類をボランティアで訳し、手書きにしている。今はパソコンにデータベースがつくられている。

1980年、移民80周年記念行事が行われた。記念行事は50周年、70周年、75周年など、移民者が生きているうちにということでよく行われているようだが、移民一世に感謝を示す機会となっている。

話をきいた建物内に、沖縄の市町村から送ってもらった石が展示されている。垣花《かきのはな》や小禄《おろく》などは現在那覇市に合併されているが、移民を始めたときはまだあったので、そこの出身者にも後からお願いして、この石を送ってもらったとか。

いまだに村人会がしっかりあり、現在48あるそうだが、ハワイ島は広いのでさらにクラブがある。字会、同志会等の小さなクラブを作っている。沖縄の新聞の死亡記事でも記される屋号を、ハワイでも今も使っている。

年に一度オキナワンフェスティバルが行われる。前年で25回目だった。1週間前から準備を始め、土・日に祭りが行われる。各国からの移民が来ており、それぞれの国の祭りが行われているが、長く続いて大規模なのは、沖縄が一番ではないかとのことだった。

これから行われる3月16日のホノルルフェスティバルのパレードにもハワイ沖縄連合会は参加するとのことだった。


13日(木曜日)、7時にホテルをチェックアウトしてリムジンで空港にいき、8時50分発のアロハ航空246便でハワイ島のヒロに行く。機内から、たくさんの島々が見えた。

空港からレンタカーでキラウエア火山に向かう。車で動けるコースを一回りした。火口周辺は雄大な景観である。公園からヒロに戻る道に出たところで、勘違いして左側路線に入ってしまった。前方から対向車が来て気づき、間一髪で右側に移ったが、危なかった。

午後3時頃ヒロに戻り、ナニロアボルケーノーズリゾートにチェックインする。このホテルは改装中のようで、古さが目立ち、湿気があった。安い値段ではないが、ヒロの数少ないホテルの中ではここが一番安い方だった。

車でヒロのダウンタウンに行き、車を停めて歩いた。日本食のメニューも入った小さな食堂に入った。映画「かもめ食堂」のようで、雰囲気はよかった。私はアヒ(マグロ)丼を、娘はオイスタープレートを注文。オイスタープレートというのは、カキ、マグロをそれぞれ揚げて、野菜とスパイシーライスが一緒に添えられたものだった。

ダウンタウンはオールドタウンといった方がピッタリで、寂れた感じである。観光目当てなのか、風変わりな店が集まっていた。しかし人は少ない。ナチュラルフードの店に入ったとき、普通のスーパーだと勘違いして、アルコールはありますかときいたら、その店の裏手にあるスーパーを教えてくれた。日本の調味料なども豊富に置かれていた。ずいぶん古そうな映画館があり、そこに日系人らしき人が立っていた。近くのヒロ・ベイ・ホステルでインターネットをした。今度来るときはここに泊まってもいいかなと思った。


14日(金曜日)、朝はゆっくり休んでから、どうしたらウチナーンチュと会えるだろうかと娘と相談した結果、まず人が集まりそうなショッピングセンターに行ってみた。そこの日本レストランで食事してから、隣の旅行社で、沖縄のコミュニティについて調べたいが、と娘がきいてみると、カウンティセンターに行くのがいいだろうと言われた。車ですぐだった。

インフォメーションに、日本人の顔をした80歳ぐらいの感じのボランティアのおばさん2人が座っていて、きいたら、一方がウチナーンチュではないが沖縄クラブに入っているとのことである。電話してくれて、ウチナーンチュのおばさんがすぐに来てくれることになった。電話してくれたフジモトさんというおばさんは、沖縄のクラブに入ってもう15年だそうで、ウチナーンチュと思われているそうだ。

やがて、ナカイマさんというおばさんがやってきた。戦前日本に行って勉強したということである。東京の麹町に住み、高田馬場にある早稲田国際学院に通ったそうだ。戦争になってこちらに戻り、戦後はバーをやっていたそうだが、今は引退。ナカイマさんもインフォメーションのボランティアをしている。結婚してタカエスという名前が加わって、ナンシー・チヨ・ナカイマ・タカエスという名前になっている。5人の子どもたちは大きくなってホノルルに行って、帰ってこないそうである。

ナカイマさんはちょっと前、沖縄にも行ったそうである。沖縄県の大手建築・土木会社國場《こくば》組の創業者である國場幸太郎氏の親戚になるそうで、辺土名《へんとな》にある國場家の元の家で、今は博物館になっている所のことを話していた。私も行ったことがある。

沖縄のクラブのことを聞くと、400~500人いて大きく、何かあればどこでもみんな集まるそうだ。

ナカイマさんたちの話を一通り話を聞いてから、ハワイ島の北側の道をドライブした。時計の針と反対方向に海岸沿いに行く。途中滝などもみた。マウナ・ケア山も少しは見えるかと期待したのだが、雲に隠れていた。牧場や畑も見た。娘が読んだ本の中にウチナーンチュが住んでいるところとして、ペペエキオという町があげられていたそうで、行ってみたが、家が建ち並んでいるところをただぐるっと走ってまわっただけで引き返した。

夕方はホテル周辺を散歩する。ホテル前で市長選挙に立候補していたステイシー・ヒガ氏の集まりをやっていたのでのぞいてみた。皆さんにこやかに迎えてくれた。候補者本人がいたので写真を撮らせてもらった。

ウチナーンチュらしい人に声をかけてから帰ろうと思って話しかけた人は、40~50代ぐらいのオオシロさんという人で、英語を話していた。そのオオシロさんが、沖縄の人で日本語を話す人がいるからと、高齢の女性とその息子さんを紹介してくれた。山城キヨコさんで、91歳になるそうだ。彼女は日本語をよく話せたが、息子さんは英語で話していた。山城さんは60歳から合気道を始めて今でもやっているそうだ。今月19日に沖縄へ行く、と言い、行きたいときに沖縄へ行っているとのことだった。

ホテルのすぐそばにある海沿いのリリウオカラニ日本庭園があるというところまで散歩しながら、近くの日本食レストランに行ってみることにした。庭園は、日本の庭園というより中国の庭園のようだった。海沿いで魚釣りをしている女性と少しおしゃべりする。

再び歩いていると、駐車している車で三線を弾いている男の人を見つけた。沖縄の音楽が流れていたので、ウチナーンチュかなと思った。きいてみるとそうで、だいぶ長く話した。長嶺将孝さん。

こんな具合に次々とウチナーンチュに会えたのに驚いたのだが、長嶺さんの話では人数は多いそうだ。平均年齢はもう80歳をいくんじゃないかと言っていた。

長嶺さんはコザ出身で、今はもう亡くなってしまったおじさんの養子になって1961年にここに来たそうだ。奥さんはハワイ島のコナ出身で、娘さんもいるそうだ。沖縄には1975年の海洋博の時に家族皆で行ったそうだが、昔の町の跡形もなくなっていたという。長嶺さんは、現在はハワイ大学ヒロ校で働いている。すでに63歳になっていて、定年は65歳だそうだが、年金がもらえるのでいつ辞めてもいいそうだ。引退したら沖縄に行くかもしれない、とのことだった。三線をしていたのは、クラブがあって週に1回やっているとか。踊りや民謡のクラブは多いらしい。現在、沖縄からの交換留学生3人が家にきて滞在しているそうだ。

この日ワイメアへ行く途中に見えた牧場や農場で沖縄から来た若い人が研修することもあるそうで、昨夜は、沖縄からきた中学生と食事会があったそうだ。彼らは明日あたりオアフに戻るそうで、おそらく、ホノルルフェスティバルに参加するだろうとのことだった。

ヒロは、昔は国際線も飛んでいたが、今はなくなっている。ホテルも大きいものがあったが、今は少なくなっている。ハワイ島の西側のコナの方は日本との直行便、国際線も多いそうだ。コナのコーヒーは大変おいしく、3割ブレンドでもおいしく飲めるという。

火山の状況は毎日ニュースで伝えられていて、こちらの人は火山が噴火すると、逃げるのではなくて見に行くという。弁当まで用意することもある、と長嶺さんは笑っていた。

私が学生を連れてまた来るかもしれないというと、電話をしてくれれば空港まで迎えに行きますとのことだった。本気の感じだった。

リリウオカラニ庭園のそばにあるという日本食レストランは繁盛していて、予約がないと入れなかった。近くのハワイアンレストランに行ったが、ウエイターがなかなか来ないので出ることにし、隣のホテルへ行って食べた。予約なしだが、バイキングならばOKだと言われ、自由に食べた。しかし、やはり高く、勘定してみたら一人30ドルだった。

アヒ(マグロ)を取っているとき、フィリピン系の男性が、これは地元のものではなくてフィリピンから輸入してきたものだろうという。味は全然違うよ、と。ハワイのものはものすごく高いのだそうだ。

15日(土曜日)、朝6時過ぎに起きて、ホテルの庭からマウナ・ケアを写した。朝のうちでないと見えないと、前日長嶺さんから教わったからである。港にはクルーザーの大きな船が入港してきていた。

車でダウンタウンの朝市を見てから、長嶺さんの勤務先であるハワイ大学ヒロ校にも行ってみた。11時頃ホテルをチェックアウトして、車でナカイマさん宅に行く。彼女はベニーさんという74歳のフィリピン男性と一緒に暮らしていた。自宅の前にガレージがあるが、車は外に置いてあり、ガレージ内にはテレビやさまざまな道具類が置いてあった。ベニーさんが言うには、この日の3時からボクシング中継があるそうで、これから2、3人が集まって一緒に見るんだとか。ポルトガルのソーセージ、大きな肉、リブやステーキを専用の網で焼いて、われわれにも食べさせてくれた。中までしっかり焼けていて、おいしかった。なすびも焼いていた。フィリピンスタイルだそうだ。彼はほとんど話さないが、料理をつくったり、しきりに動いている。好奇心が旺盛なようで、ガレージにはベニーさんが買ってきた物や、天井には野球帽がたくさん飾られていた。私も野球帽をもらった。

ガレージには15歳になる猫がいた。耳が聞こえないそうで、バランスがうまくとれず、ビッコをひいて歩いている。黒い犬もいて、太っているからとベニーさんはランニングマシーンに乗せていた。自分は走らないので、このマシーンで、ということらしいが、以前、犬を乗せたまま忘れて、ずっと走らせていたことがあったとか。ナカイマさんとベニーさんはよくラスベガスへ行くのだそうだが、旅行中、犬にはえさを多めに置いておけば鎖をつけなくてもちゃんと待っているそうだ。

自宅の隣にはハワイ大学の学生たちが六人、ルームシェアのような形で住んでいて、われわれがいる間にもそのうちの一人の女子学生がやって来た。生物学の専攻で、修士課程らしいが、あと4年間勉強が必要だと言い、そのため、これからホノルルにあるハワイ大学マノア校に移るようだ。ナカイマさんは、日本からの交換学生を二人組で一晩家に泊めることもあるそうだ。埼玉県からの人が多いという話だった。

ナカイマさんはアルバムを出して、それを見ながら昔の話をしてくれた。ナカイマさんのお母さんは嫁としてハワイに来た。嫁いだ仲井間家が裕福な家で、仲井間家は現在の名護市久志に店を持っていた。そして、國場家と親戚だった。ナカイマさんは1969年に撮ったという、國場幸太郎氏夫妻が写っている写真や、2000年にナカイマさんが沖縄を訪問したときの写真を見せてくれた。國場組が沖縄でもケンタッキーを始めたのだそうで、そういったことを非常に誇りに思っているようだったし、懐かしくもあるのか、話しながらも目が涙でにじんでいた。

午後2時までナカイマさんと話してから空港に行き、レンタカーを返してから、15：33発のアロハ航空237便でホノルルに向かった。

機内からマウナ・ケア山頂が雲からすっぽり抜け出ているのが見えた。ナカイマさんと昔の写真を見ていたらベニーさんが1993年頃にマウナ・ケアで建築の仕事をしていた時の写真があった。3、4年間その仕事をしていたようである。山頂は雲が届かないぐらい高いので、頂上はいつも快晴だとベニーさんは言っていた。

海については、ナカイマさんは、「名護の海はコナの海、那覇の海はヒロの海」と言っていた。つまり、コナの海は名護の海のようにきれいだということである。ヒロは、サーフィンができる場所は1カ所だけだそうである。

ホノルルに着いてから、タクシーで、予約していたホテルにチェックインした。ホテル内にプールがあったので泳いだ。

16日（日曜日）、午前中ホノルル動物園に行ってくる。午後2時過ぎにホテルに戻ってきてちょっと休んでから、ホテルからすぐ近くのホノルルフェスティバルの集合場所に行く。宮城さんがいて、いろんな人を紹介してくれた。沖縄らしい顔ぶれがいっぱいだったが、皆さん、三、四、五世で、英語で話していた。パーランクー（エイサーや民俗芸能で使用される手持ちの片張り太鼓）をやるグループもあったが、若い人はあまりいない印象である。

娘も沖縄の衣装を着せてもらい、ウチナーンチュの行列に混じって、YOMITANののぼりを持って歩いた。私は横から撮影しながらついて行った。市町村や字の名前を書いたのぼりを持って歩く行列をみたのはこれが初めてだったが、インパクトを感じた。

娘は越来《ごえく》のみさえさんについて次のように書いている。

〝みさえさんは40～50代で、越来ののぼりを掲げていた。越来は沖縄市のコザ十字路そばである。みさえというのはどういう意味かと聞かれ、困ったが、たとえとして美佐恵という名前を当てて意味を言ってみた。みさえさんはどうみても沖縄にいるおばちゃんに見えるが、やはりハワイで育ち、英語を話していた。三世だそう。2006年の世界のウチナーンチュ大会に参加したときに、平和祈念資料館を訪れた。おじいさんが戦争の時に、越来辺りで山へ逃げ、戦争が終わってから降りてきたそうだ。足に立派な筋肉が付いていたので、きいてみると、昔は走っていたという。あと、月曜日から金曜日まで、朝6時～7時半までマカハビーチで五人のグループをつくって太極拳をやっているそうである。始めてから5年目だそうだ。海でやるのはとてもステキだと言っていた。泳ぎ方は知らないから泳げないと言っていた。父も太極拳をやっているので、一緒に型をやってみると、Almost same と言われていた。マカハビーチは父のお気に入りの場所らしく、明日行こうと言っている。

みさえさんによると、このホノルルフェスティバルは日本が多く資金を提供しているそうである。プログラムをみると日本の団体が多かった。年に1度行われるそうで、今年は14回目。4時半～8時まで。〟

パレードのあと、知念ダニエル弘貴さんらと知り合いになれた。彼の名刺にはＷＵＢ（Worldwide Uchinanchu Business Association）の住所が書かれている。琉球大学に Visiting Researcher として1年間いるそうだ。ハンバーガーをもらって食べてから解散して、残りの行列を見ながらホテルに戻ってきた。

17日（月曜日）、11時頃出て、4番のバスでハワイ大学に行く。着いてから大学内の食堂で弁当を食べる。午後2時から1時間ほど、キャンパスツアーに参加した。ハンガリーから来たという女性もいた。これからハワイ大学に入学するかもしれない本人とその父母の親子連れが3、4組いて、その中にモンタナ州からきた親子3人がいたが、お父さん、お母さんはよく話す人だった。お父さんは私の娘にいろいろしゃべっていた。そして、社会学をやるならばカルフォルニアの大学の方がいいと薦めていた。いわく、ハワイではホームレスはほとんどいないが、格差が激しく、スローペースだし、生活費もそんなに安くないが、カリフォルニアなら、車が必要だけど、東京のようにスピードがあり、日系人、日本人も多く、安いというのである。後半は、イースト・ウエストセンター、ロースクールをまわった。のんびりした感じの大学だった。

解散後、4番のバスから途中カピオラニ通りで3番のバスに乗り換えて、知念ダニエルさんの名刺にあるWUBの住所地に行ってみたら、そこはダニエルさんの自宅で、WUBの看板も出ていなくて、お母さんがいた。

お母さんは佐敷《さしき》(現在の南城市)の人で、昭和女子大で英文学を学んだのだそうである。オリンピックの頃に米国に来たらしい。夫は3年前に亡くなったが、二世だそうで、その間に2男2女の4人の子どもがいて、長男がダニエルさんというわけである。

5時過ぎまで話してから、近かったので歩いてサンライズに行った。途中ダニエルさん本人が店にやってきた。食後8番のバスでホテルに帰った。

18日(火曜日)、10時頃出て、バスでマカハビーチまで行く。片道2時間ほどかかった。マカハとはハワイ語で「残忍な」という意味らしい。マカハビーチの波は荒く、特に向かって右側は波が常に高いので、サーフィンをしている人が多い。裸足になって砂浜を歩いた。すぐに日焼けしそうな日差しだったのでちょっとだけで引きあげる。

バスに乗っていると、車イスの人が必ずといっていいほど乗ってくる。前方の座席3席分をたたんで、スペースをつくる。車いすの人にとってハワイは住みやすいかなと思う。また、太って足に負担がかかり足を悪くする人が多いのかとも思う。

チャイナタウンで途中下車し、中華料理を食べた。牛肉の煮付け、チャーハン、ワンタン。おいしい。チャイナタウンの店は、野菜などの材料が豊富だった。しかし、以前より寂れた印象である。

雨が降ってきたので適当に切り上げてバスでアラモアナセンターの本屋に行く。沖縄関係の本は見つからなかった。しかし、ソーシャルカルチャーのところには日系人関係の本がたくさんあった。探していたGarett Hongoという日系人の自伝小説『VOLCANO』が見つかったので買った。アラモアナセンターの2、3階にはブランド品の店が並んでいた。

夕食として日本料理の店でそうめん、ロール巻などを買ってからホテルへ戻った。

19日（水曜日）、午前11時にホテルをチェックアウトしてリムジンで空港に行く。14：40発ノースウェスト便で成田に向かい、20日午後6時半頃成田に着いた。

3月23日（日曜日）に沖縄に戻り、当日、ナンシーさんの親戚の仲井間宗謙氏宅を訪問し、写真とビデオをダビングしたものを持っていった。松尾1丁目の自宅から歩いて100メートルほどのところにこういう人が住んでいるのを知って全くビックリした。同じ町内に國場氏の親族も住んでいる。

私はハワイに、池澤夏樹『ハワイイ紀行』（新潮社、1996年）を持っていって、旅行中に再読していた。書名に引きつけられて買った本だった。本来正しいとされる発音は「ハワイ」よりも「ハワイィ」あるいは「ハヴァイィ」に近いとされる。この本のあとがきは那覇で書かれていて、当時池澤氏は那覇市の、沖縄大学のそばに住んでいた。そういうことで、大学で学生サークル主催の催しがあったときに話している池澤氏を見かけたことがある。

旅行前後に、矢口祐人『ハワイの歴史と文化』(中公新書、2006年再版)も読んだ。この本で、ワイキキが人工のビーチであることを知った。ワイキキはもともと「水の湧き出る土地」という意味で、それまで養殖池、タロ畑、水田などが広がる湿地帯だったのだが、1920年代に入って整備が始まり、埋立が進められて、リゾート地区として生まれ変わった。ワイキキの浜辺には大量の砂が持ち込まれ、観光客がゆっくりとくつろげるようにビーチの幅が広げられた。

2011年度の比較法文明論の授業の最初の回に、「沖縄と最も似ている国(地域)はどこだと思いますか。その理由も挙げてください。」と質問したら、ハワイと答えた人が1人いた。「気候や地理だけでなく、独立王国でありながら他国(アメリカや日本)に支配され、取り込まれてしまったという歴史、観光が主産業という経済まで似ている。ただし、沖縄の日本本土への依存性の方がハワイの米国本土への依存性よりずっと大きいと思う。」

ハワイが日本に支配された時期はなかったが、パール・ハーバー攻撃で戦争が始まったとき、日系人はハワイの人口のなんと4割を占めていた。日系人を根こそぎ立ち退かせてしまうとサトウキビ産業は大打撃を受ける可能性が高かった。その他、多方面で労働者の著しい不足が予想された。

それでも、日本語学校の教師、僧侶、ジャーナリストなど日系社会の指導者とみなされた者は危険人物として、1500人もが、西海岸の日本人と同様、米国の内陸にある強制収容所へ送り込まれた。

二世や三世は米国籍を持っていたが、社会的にはジャパニーズと呼ばれていた。ハワイが州に昇格した1959年の選挙でダニエル・イノウエ氏が日系米国人として初めて連邦議会下院議員に選出された。よく知られているように、彼は1943年に日系米国人で構成される第442連隊の一員となり、翌年イタリア戦線でドイツ軍と戦闘中に右腕を失った。イノウエ氏はその後上院議員となり、2012年12月17日に病没した。Wikipedia によると、死去の前に「ハワイと国家のために力の限り誠実に勤めた。まあまあ、できたと思う」と述べ、最後の言葉は「アロハ（さようなら）」だったという。国家とはもちろん米国である。

『ハワイの歴史と文化』27頁以下に「ハワイのウチナーンチュ」という項がある。多くの人々が他地域からハワイのサトウキビ畑にやって来た。経営者たちは異なった国の労働者を農場で「競争」させることで団結を防ごうとした。その中で、沖縄はすでに日本領となっていたので、沖縄からの移民は日本国籍を持ってハワイに来た。しかし、彼らに対して内地出身者の多くは強い偏見を抱いていた。そのような強い差別があった上に、琉球独特の言葉と文化を持っていた沖縄出身者は「ハワイのジャパニーズ」でありながら同時に「ハワイのウチナーンチュ」としての意識を強く抱くようになった。今日、沖縄系の人口は約4万5000人といわれるが、沖縄からは第二次大戦後も、米軍の沖縄駐留を背景に、ハワイへの移住が多いのが特徴である。

サトウキビはもともとネイティブ・ハワイアンの食料だったが、輸出用作物として大規模に栽培されたことはなかった。1835年にカウアイ島で本格的なサトウキビ農場ができ、1850年以降白人資本家の土地私有が認められるようになると、彼らはハワイ各地に農場を設立し、サトウキビを植えていった。

当初畑で働いていたのはネイティブ・ハワイアンだった。しかし、自分で食べないものを大量に栽培するということは伝統的なハワイアンの考え方とは異なっていたし、加えて彼らの人口は18世紀から19世紀にかけて急速に減少したため、労働力の確保は難しくなった。その不足を補うために最初にやってきたのは中国人だった。1852年に最初の契約労働者が到着後、毎年数千人がサトウキビ畑で働くためにハワイに来た。ところが、彼らは契約を終えた後の定着率が悪かった。また当時、米国内では中国人労働者に対する強烈な偏見と差別意識が根強くあり、中国人排斥運動が起きていた。特に中国人が契約終了後に商売を始め、白人の商売敵になると、彼らに対する反発は強まった。1880年代以降ハワイ政府は中国人移民の数を制限し始め、1898年にハワイが米国に併合されてからは米国の中国人排斥法が適用されて、中国人の移住は事実上不可能になった。

その後、他の国からも労働力が輸入されるようになった。特に1878年にはポルトガルから労働者が到着し、その後約1万5000人が来島した。日本からの移住が始まったのは明治元年の1868年であるが、彼らの定着率は悪く、ほとんどが農場を去った。その後1885年に日本からの移住が再開された。こういうわけで、中国系のコミュニティの歩みは日系コミュニティより30年ほど先行している。

これについては、白水繁彦編『移動する人々、変容する文化―グローバリゼーションとアイデンティティ』（御茶の水書房、2008年）所収の「ハワイにおける中国系コミュニティの文化変容」（中野克彦著）が詳しい。長くなるが、その内容を以下に要約する。

＊

中国系労働者は、社会的にも文化的にも一枚岩ではなく、様々な対立軸を持ち、サブグループを構成した。しかし、1880年代に至り、ハオレ（白人）有力層を中心とする中国人移民に対する差別・偏見に対処するために、中国人移民はサブグループの境界をこえて連帯して自衛する必要性に迫られた。その結果1882年に中華総会館が誕生した。これは調整と相互扶助の機関で、血縁・地縁の違いにかかわらず中国人移民の「われわれ意識」が高揚しつつあったことを象徴している。中国語新聞と中国語学校の果たした役割も大きかった。

1930年にはハワイ生まれの人々が中国系人口の72・5％を占め、世代交代が進んだ。中国系と異民族の婚姻も増加した。もともと中国人移民の圧倒的多数は男性だったが、1913年には中国人男性の48・8％が中国人以外の女性と結婚し、その86・4％がハワイ人女性だった。高学歴化も進んだ。ホワイトカラーが増加し、都市部、特にホノルルの都心部に集住した。

太平洋戦争で中国系の文化はホスト社会への同化圧力にさらされた。特に1943年には低学年学童に対する英語以外の言語教授を禁止する法律が成立し、すべての中国語学校が閉鎖された。ローカルラジオ局で放送されていた中国語番組も中止された。

戦後になって、1948年に4校の中国語学校が再開されたが、中国語教育中断の影響は大きく、総計500人に過ぎなかった。そしてその後減少の一途をたどることとなった。

英字紙も伸びた。1937年に、中国系向けの新聞でありながらもっぱら英語の紙面で構成される *Hawaii Chinese Journal* が登場し、しかしその後中国系の新聞は減少し始め、その傾向は1950年代に顕著になった。

対照的にエスニック商会－中華商会は発展した。1911年に設立された中華商会は1926年に中華総商会と改称され、現在に至るまで活発な活動を続けてきているが、その特色として、ホスト社会との関係が密接である点が挙げられる。中華総商会の名誉顧問には州知事や国会議員等が名を連ねている。一方で中華文化遺産の維持・発展を促すと同時にその文化をホスト社会と共有するという方向性が見える。

ハワイ華僑100周年記念大会は1952年8月10~18日ホノルルで開催され、一世の功績を後世に伝えることが強調された。呼び物として京劇とともに英語劇も上演された。

水仙祭は1949年に始まる。趣旨はチャイナタウンの活性化や中国系社会の振興とともに中華文化を観光客、ハワイの人々、中国系の若年層に紹介することである。

戦時中ハワイは本土と前線とを結ぶ補給基地としての役割を果たすとともに、多くの将兵の休息の場ともなり、観光産業が発展した。しかし、戦後はハワイに滞在していた多くの将兵が米国本土に帰還したことにより景気後退期が訪れた。

ハワイ観光局は、「ハワイ＝フラ・ガールたちのいる楽園」イメージだけでなく、「ハワイ＝多様なオリエンタル文化が存在する場所」として認識し、エスニックイベントを活性化させようとした。1959年にジェット機が就航し、1970年にはジャンボジェット機が導入され、ハワイ旅行の低価格化も進んだ。1970年代には州経済に占める観光業収入割合は最大となった。

このような状況の中で、中国文化の維持・発展が同時に中国系のホスト社会への貢献につながるという考え方が前面に出てきて、エスニック集団の中で無自覚的に伝承される伝統的エスニック文化とは区別される自覚的学習的エスニック文化が出現したのである。

水仙祭では「オリエンタル文化」としての「異国情緒」表現と、コンテストという米国のショースタイルを巧みに組み合わせている。文化性が前面に出され、政治性は避ける。コンテストで選ばれた女王に冠を授けるのはハワイ州知事である。

今後の中国系エスニック文化の変動を考える上で重要な点は、グローバル化の進展である。

中国は著しい経済発展を遂げる中で海外の華僑・華人との関係構築をきわめて重要と考えている。ハワイの中国系と中国との関係は冷戦期に一時交流が途絶えていたが、米中間の国交正常化によって関係は復活した。

次に、1965年移民法改正後、中国大陸、香港、台湾から新たな移住者が増加した結果、1980年までにハワイの中国系住民は5万6285人になったが、そのうちすでに22％が外国生まれであった。

こうして「華僑」ないし「華人」のバックグラウンドはきわめて多様になった。メディアも多様化した。近年ハワイに移住した中国人、香港人、台湾人向けにグローバルな中国語メディアが登場している。

＊

同じ本の「変容エージェントによる文化の創出」(白水繁彦)にハワイの沖縄系コミュニティの変遷がまとめられている。これも長くなるが、非常に参考になったので、以下に要約する。

＊

ハワイのオキナワン・フェスティバルでは、「オキナワン・フード」を全くのボランティアの人々が作り売っている(組原もかつて居合わせたことがある。おいしい。しかし、ハワイ風にアレンジしたものもある。特にアンダーギーは味も柔らかさもドーナツに近い)。ブースによっては2日間で50万円以上売るところもあるという。このフェスティバルは1982年に、三世を中心に始められた、「伝統の創造」だった。中心にはオキナワン・プライドとか、ウチナーンチュ・スピリットといった「エスニシティ覚醒用語」を口にする人がいたとのことである。

沖縄食についてはオキナワン・コミュニティの女性団体フイ・オ・ラウリマ(club of many hands)

が調理の本まで出している。上部組織ハワイオキナワ連合会も機関紙 Uchinanchu で沖縄食を大々的に宣伝していて、「ソウル・フード」「コンフォート・フード」だといっている。沖縄食は単なる栄養補給の消費物ではない。

第二次大戦後、「故郷」沖縄が日米戦で荒廃したとの報に接したハワイの沖縄系の人々は一致団結して、膨大な救援物資を「故郷」沖縄に送った。

戦後35年たった1980年はハワイへの沖縄移民80周年にあたっていた。第1回沖縄研修ツアーが行われた。彼らは至るところでVIP並の大歓迎を受けた。第10回那覇祭をみて、このようなみんなが集まる機会がほしいと考えた。実行力に富んだ若者がこの旅行団には多かった。

オキナワン・フェスティバルの主たる構成要素は、①食べ物、②ステージの演芸、③カルチュア・テント（多彩な文化の展示）、そして、④ボランティアである。

④の協働によって人間関係が広がっていく。それまではなかなか出身市町村の小コミュニティの枠を超えることができなかったが、沖縄系社会全体をカバーする大コミュニティづくりにつながっていった。リーダーたちは、活動目標を「社交」から「文化」へと変化させた。

ボランティアによるのは、純益の7割が市町村人会、残り3割が本部（沖縄県人会 HUOA）に入るからでもある。

このようにして沖縄食の伝統的家庭料理から郷土料理（エスニックフード）へのメジャーデビューが行われた。オーセンティックな食べ物であるからには食べ物の質がよいということは重要である。

数ある沖縄料理の中でも基本的で、作るのが簡単で、しかも一般に受け入れられやすいものが選ばれた。沖縄の原型を維持しているものもあるが、アメリカ食との混交が強くみられるもの、アメリカ的もしくはハワイ的なものもある。

なぜ沖縄食及び沖縄風混交フードにこだわったのか?

一つの鍵は、「一世がどう思うか気になっていた」という証言。

もう一つは市町村人会の資金調達の要請である。一度きりの客ならともかく毎年来てもらわなければならない。従って、この祭特有というユニークさ(付加価値)と、しっかりした味(実質)の両方を備えている必要がある。

ハワイのクックブックベストセラー *Ethnic Foods of Hawaii* の改訂版(2000年)(著者はナイチ系三世)でオキナワ料理が日本料理とは別にして取り上げられた。オキナワンの人口が増えたというわけではなく心理的なプレゼンス拡大の結果であるとされる。

＊

以上が「変容エージェントによる文化の創出」(白水繁彦著)からの要約である。郷土料理からエスニックフードのレベルにまで押上げるのに貢献した主たる担い手はフイ・オ・ラウリマである。同じ本の「オキナワ料理の創造」(佐藤万里江著)では、フイ・オ・ラウリマによって出版された、1975年の *Cookery and Culture*(第1作)と、2000年の *Okinawan Mixed Plate*(第2作)の内容が具体的に紹介されている。フイ・オ・ラウリマのクックブックの読者層は広く、世界の沖縄出身者とその子孫たちのネットワークを介して米本土や沖縄などにも広がっており、その受け手はハワイの人々にとどまらない。フイ・オ・ラウリマのクックブックの読者層は広く、世界の沖縄出身者とその子孫たちのネットワークを介して米本土や沖縄などにも広がっており、その受け手はハワイの人々にとどまらない。

フイ・オ・ラウリマのクックブックの読者層は広く、世界の沖縄出身者とその子孫たちのネットワークを介して米本土や沖縄などにも広がっており、その受け手はハワイの人々にとどまらない。

第2章　2008年沖縄移民100年記念の旅

―ブラジル、アルゼンチン、チリ、ボリビア、ロサンゼルス

クリチバ沖縄県人会一行 ディアマ 沖縄文化センターにて
(2008年8月24日撮影)

ロサンゼルス
米　国
赤道
ブラジル
カンポグランジ
ボリビア
カンピーナス
オキナワ
ビトリア
サンタクルス
サンパウロ
サントス
クリチバ
バルパライソ
サンティアゴ
ブエノスアイレス
チリ
アルゼンチン

ハワイに行ったあと、同じ年の8月15日から9月20日まで娘と一緒に南米とロサンゼルスに行った。主目的はサンパウロとブエノスアイレスで開かれた沖縄移民１００年記念集会に参加するためである。ついでに、ボリビアのコロニア・オキナワや、ロサンゼルスでウチナーンチュがどんなふうにやっているのか、実際に見てきた。

私がはじめて南米を旅行したのは１９７９年である。その直後沖縄に来たのである。大学の専任教員になってから、１９８５年度に1年間、無給休職してブラジルに滞在した。大学を辞められる形でいったのだが、1年後に復帰して、以後１９９１年頃まで毎年のようにブラジルに行っていた。ブラジルにはその後１９９７年に行ってから10年ぐらいごぶさたしていた。その10年でどういう変化があったのか。人々が共通に言っていたのは車が増えたことである。サンパウロは慢性的にひどい渋滞に陥っていた。地下鉄が拡張していっているが、とても追いつかない。

もう一つ、旅行者として特に痛切に感じたのは物価が高い国になったことである。米ドルが弱くなったことが基本的にあるが、政策的に高値が維持されているものもあって、例えばブラジルの国内線の航空運賃は多分日本より高かった。

8月16日（土曜日）にサンパウロのガルーリョス空港に着いたとき、知人の田村三千代さんの他に、知念明先生が迎えに来てくださったのには非常に驚いた。

知念先生は、1988年にサンパウロのマッケンジー大学で開かれた日伯商法セミナーの企画者である。当時、私は毎年のようにブラジルに行っていたので、このセミナーも聴講した。知念先生はブラジル・沖縄間の交流に努力され、ウチナー民間大使でもある。しかし、たまたま、2006年に宜野湾のコンベンションセンターで開催された第四回世界のウチナーンチュ大会の際に顔を合わせた他はご無沙汰していた。聞けば、すでにマッケンジー大学を退職し、イビチンガという田舎町にあるFACEP (Faculdade Centro Paulista da Ibitinga) という大学の学長をしているのだという。そして、私がブラジルにいる間にFACEPで日本の教育について話をしてほしいというのである。

そういわれても、私は日本の教育の専門家でも何でもないので、即答は避けたが、過去に知念先生とブラジルで会ったときは必ず、知念先生が関係している大学で講演ないし講義をさせられてきたので、覚悟は決めた。

田村さんは、1985年にサンパウロのペンションで知り合った松山順一さんとずっと前から知り合いのおばさんで、松山さんにダバオのことをお願いしていた2003年1月末から2月はじめにかけてダバオに来られたことがあり、私はその時初めてお会いした。広島出身の一世である。

サンパウロに着いた翌17日(日曜日)、サンパウロからエスピリトゥ・サント州のヴィトリアに飛行機で行って、ターニアさん宅に4泊した。

ターニアさんは妻の末の弟である修の奥さんである。修は東京でタクシー運転手をしている。修は1980年代初めに農業関係でブラジルに行ってターニアさんと結婚したのだが、ブラジルと日本の間を行ったり来たりの生活が長かった。しかし、2001年頃からの7年間は、家族の生活の本拠地はブラジルと決め、修だけが東京で出稼ぎしていた。ターニアさんの実家はバイア州のテイシェイラ・デ・フレイタスという町にあるが、子どもの亀吉と花江と同居するため、学校のあるヴィトリアに住んでいた。亀吉はヴィトリアにある国立大学で建築を学び、花江は前年医学部を受験し、私立には受かったが、国立は落ちたので、学費が高い私立は敬遠して、予備校に通っていた。ふたりとも、ブラジルと日本の間を行ったり来たりしたおかげで両国語ができるが、それは大変な経験であったであろうと思われる。

上記のように、知念先生から日本の教育について話してくれと頼まれたので、ヴィトリア滞在中に亀吉と花江、それにターニアから両国の教育についていろいろ話を聞いた。その結果を、娘と一緒に次のようにまとめた。

「日本の教育、ブラジルの教育：

亀吉も花ちゃんも小学校から中学校にかけての時期に両国間を行ったり来たりした。大変だったでしょう。花ちゃんは言葉も一時おかしくなったが、ターニアが意識的に家庭で教育して補正した結果、どちらの言葉も話せるし読める。

花ちゃんは今大学受験のための予備校生。医学部が希望。心臓外科医になりたい、と。昨年、私立には合格したが学費が高すぎる。国立はもうちょっとだったので一浪して今年また受ける。だが、国立はマイノリティ等に優先枠を設定して広げた結果、一般枠の倍率は非常に高くなって40倍ぐらいらしい。でも大学レベルで急にこういうことをしてもダメで、もっと基礎教育段階から教育の機会均等、平等化が必要であると花ちゃんは言っている。それから、学校の役割が勉強に限られていて、しつけは家庭でという感じがブラジルでは強い、とも花ちゃんは言っている。

日本の場合、教育の機会均等は形式的には非常に進んで、何を学びたいかも分からない人まで大学に入学している状況である。将来の希望の仕事とか非常に曖昧である。基礎教育レベルでは、落第もなくみんなが進級するという建前がむしろ悪い方向に作用して、不登校が増えている。保健室登校なども当たり前に見られる。何でそんなにまでして学校に行かなければならないのか。そういう疑問がふくらんでいる。高度成長期と違って現在は社会全体の方向性もわかりにくくなり、そんな中で家庭の力も非常に落ちていて、最近では勉強しろとうるさい父親を娘が刃物で殺すなどの事件が起きている。この事件は日本中で注目を集めている。その分学校への期待が過大になりがちである。

将来の課題は両国間で違う。ブラジルでは先生の待遇も含めて基礎教育の拡充が必要。日本では、もっと個人を尊重した教育が必要。」

現在、亀吉はすでに大学を卒業して、建築士として働いており、花江は、国立大学の医学部に合格してから卒業後、インターンを経て医師になっている。

21日(木曜日)、飛行機でサンパウロに戻り、22日(金曜日)は、午後2時に奥間邑盟さんの親戚の中川さんとリベルダージ駅前のツニブラ旅行社前で待ち合わせ、車でサンパウロ市南方のジャバカラにある、奥間さんが入っている老人ホームに行く。奥間さんは、『旅の深層』にも書いたように、1985年にサンパウロのペンションで会って親しくなった。玉城村出身の一世である。外から見ると普通の家と余り変わらない造りだったが、中にはたくさんの老人がいた。奥間さんは足を手術したそうだったが、杖なしでも何とか立つことはできた。入れ歯を入れたら結構話した。奥間さんはキューバ共産党のシンパで、キューバに行って介護を受けるのが夢らしい。施設は私費だそうだが、奥間さんは二人部屋でなかなかよい部屋で、同室者も日系人だった。4時頃までいてから引き上げた。

この日、沖縄からの一行がサンパウロに着いた。私と娘は、リベルダージにあるハッカ会館というところで行われた歓迎夕食会に出た。大学の自治体学入門という科目で講師をお願いしていた金武の吉田勝廣県議会議員(現・沖縄県政策調整監)に再会できた。亡くなった妻と親しかった伊波《いは》洋一宜野湾市長(現・参議院議員)とも挨拶できた。ハワイからはダニエルさんも来ていた。

23日(土曜日)は、午前中は沖縄県人会大サロンで開拓先亡者慰霊法要、午後はビラカホン地区アロウド広場で前夜祭のパレードという予定になっていた。ところが、ビラカホン地区の場所が分からない。タクシーで行くしかないかなと思いながら、泊まっていたリベルダージのホテル・アカ

サカの食堂に朝食を食べに行ったら、パラナ州のクリチバから来た人たちがまとまって集まってい
て、彼らは貸し切りバスで来たそうである。こちらからお願いするでもなく、ごく自然に一緒に連れて行ってくれることになった。皆さん非常に親切だった。

沖縄県人会は歩いても行ける距離で、すぐ着いた。開拓先亡者慰霊法要で記憶に残っているのは、若い坊さんたちが日本人の顔をしていないということである。

法要の後、バスでビラカホンまでも、そんなに遠くはなかった。会館があって、そこでまず昼食だったが、クリチバの人たちなどブラジルの参加者は入場券を持っていなくて、別になった。

昼食後、会館前の通りでパレードがあった。ウチナーンチュの集住地域だというのに治安が悪いそうで、クリチバの人たちからは、カメラやビデオを盗まれないようにと繰り返し注意された。ブラジル人のエイサーはうまかった。間の取り方が上手にできていた。ミルク（弥勒《みろく》）の神様の行列もあった。行列が終わった後、野外会場でサンバの踊りなどを座ってみていたら寒くなってきて、われわれだけ先にバスでメトロのカホン駅に出て、ホテル・アカサカに戻った。

24日（日曜日）は、ディアデマの沖縄文化センターで100周年記念式典が開かれるということだった。前日と同じように朝食に行ったら、クリチバから来た山城弘義さん夫妻がいて、クリチバに訪ねてきなさいよ、と熱心にすすめてくれた。クリチバの人たちは、ディアデマに行った後、バスでそのままクリチバに帰るそうで、われわれはこの日も片道だけ一緒に乗せていってもらうこと

になった。

ディアデマまで1時間近くかかった。ジャバカラを通り過ぎて、隣の町である。バスの中でマツオさんが話しかけてきた。マツオさんの奥さんのマリアさんはウチナーンチュだが、マツオさん自身は長崎県系人である。白人男性もいて、この人はアカミネさんという二世の女性と結婚した弁護士だということが、翌年クリチバに行ったときに分かった。クリチバの沖縄県人会長は当時ウエズさんだったが、眼科医だそうで、なかなかの紳士ぶりだった。しかし、会長としてまとめているという感じでもなく、皆さんそれぞれ自由に動いている感じで、だからわれわれも気兼ねすることなくうちとけることができた。

記念式典会場でわれわれはクリチバの人たちと一緒に座った。那覇市から、なんと妻の母方の親戚になる上原さん夫妻が来ていたのにはびっくりした。上原さん夫妻は沖縄ツーリストのツアーに加わっていて、明日からリオとイグアスの滝だそうである。記念式典がまだ終わらないうちからハワイの人たちは抜けて、昼食会入り口で列を作っていた。昼食会はやっぱり入場券を持っている人だけで、ブラジルの人々は別のところで非常に長い列を作って順番を待っていた。

われわれは、夜は田村三千代さんとの約束があったので、午後の催しには出ないで帰ることにした。大会関係の人にきいたら、会場から左手に10分ぐらい歩けばタクシーを拾えるというので歩いていった。交差点できいたらバスの停車場を教えてくれたので、歩いていくと確かに出た。ちょうど、メトロのジャバカラ駅行きのバスが来たが、切符を持っていないと乗れないという。おじさんと女の人も待っていたが、やはり切符を持っていなくて、次に来たバスに切符売り場があるところまで乗せてもらった。このおじさんがなんと、100周年記念式典で表彰を受けるために出てきたリンス支部の人で、女の人は奥さんだった。おじさんは手に表彰状を持っていた。ジャバカラからメトロに乗ってリベルダージまで来て、ふたりもここで降りた。おじさんは日本語は少ししか分からなかったが、これからリンスにバスで帰るそうで、4時間ぐらいかかるらしい。前日サンパウロに出てきて1泊したそうだ。午後3時過ぎにはホテル・アカサカに戻れた。

25日(月曜日)は、サンパウロ市内のマクスード・プラザホテルで講演会とフォーラムがあった。受付でボリビア県人会会長比嘉次雄氏、及び、一緒にいた土木技師長嶺勉氏と名刺交換した。たまたま泊まっているホテルが同じで、顔は見かけていた。サンタクルスに行ったら面倒を見てくれるそうで、それでボリビアにも行ってみようと決めた。

1989年にサンパウロで会った、琉球大学移民研究センターの石川友紀先生にも再会した。

午前中は全体の講演会があり、クレイグ・ウィルコックス氏がウチナーンチュの長寿問題について1時間ぐらい講演した。いい食べ物を食べて長生きするのがよく生きること、みたいな感じの内容で、それを具体的なデータで論証するものだったのだが、沖縄的な特徴というのはそういう合理主義を超えたところにあるのではないかと私は思う。やっぱり西洋人で、だからこちら側のことが見えていないなあ、と思った。

知念先生と一緒に弁当を食べてから、午後のフォーラムは五つに分かれていたので、まず知念先生主催の「教育、家庭、および司法」に出た。ソールナセンテ人材銀行社長赤嶺尚由氏の講演以外はみんなポルトガル語だった。また、琉球人形を南米に送る会の座間味末子さんが琉球人形を持ってきていて、同じ場所でその贈呈があり、小さな人形はくじ引きで、私も当たった。沖縄から来た私がいただくのも妙な気がした。

後は、WUBのフォーラムで知念ダニエルさんがやっているところをちょっと見てから、琉球大学の先生方のフォーラムに出た。その第3部「沖縄移民と21世紀に向けたネットワーク」を大体全部聴けた。宮内久光、野入直美、金城宏幸氏の順だった。

宮内氏は本土への季節労働と移民の比較をされた。時間の長さは違っていても、どちらも出稼ぎという点では共通であり、興味深かった。

野入氏は、世界ウチナーンチュ大会に参加した南米他国の沖縄県系人と比較したブラジルの沖縄県系人の沖縄意識の強さを示す調査結果について述べられた。

最後の金城氏は、今後のネットワーク形成についてだった。

質疑応答で、WUB東京の重田辰弥氏が、現在の成田空港周辺に沖縄出身者が住んでいたという話をしたりして、関東ではウチナーンチュがマージナルな存在と考えられていたことについて述べられたあとで、各発表内容についてかなり批判的な意見を述べられた。

それでフォーラムは打ち切りになりそうなところで、私も重田氏の意見を意識しながら金城氏に対して質問し、南米に移民社会が残ったのも帰りたくても帰れない遠いところだったからで、いわば取り残された化石のようなものではないか、ネットワークというなら近いところから広がっていくのが自然だと思われるのに、そうなっていない、それをどう考えるのかと質問した。それに対する金城氏の返事を聞いて、その後いろいろな質問が次々に飛び出した。フォーラムが終わってから重田氏と挨拶した。

重田氏は沖縄に帰ってからも頻繁にブログを更新していて、このフォーラムについても意見を書かれている(http://blog.goo.ne.jp/shigeta-nas/m/200809/1)。

その中で、南米沖縄移民の調査・分析には他府県移民との比較考察が必要ではないかという指摘をしたり、ウチナーンチュ大会に参加したのは移民の何割ぐらいなのか、経済的に恵まれた特定の階層ではないかといった疑問を提起したりしておられる。ウチナーンチュのネットワークの実像をとらえるのに大事な視点だと思う。

26日(火曜日)に知念先生とバスでイビチンガに行った。サンパウロから350キロだそうで、6時間ぐらいもかかり、着いたのは日が暮れる直前だった。サンパウロ州のど真ん中にあることがこの町の売りなのだそうである。イビチンガは刺繍で有名な町だそうで、実際、町の中には刺繍屋さんが並んでいた。

FACEPは予想以上に小さな大学だった。日本でいえば短大の感じで、英語、ビジネス、保育士養成等のコースがある。

着いた当日夜のスピーチは娘がやった。聴講の学生を見ると、ほとんどが社会人のようだった。知念先生は希望してこの大学に赴任されたのだそうである。地方、といっても、ブラジルは何しろ大きな国なので、そこでの教育のあり方を考え、実践するためにやってきたのだという。距離的なハンディキャップを克服するために、サンパウロで行われる講義をインターネットで中継し、質問もできるような双方向授業を実践しているのだという。そのための大きなアンテナもあった。スクリーン教室も見た。

ブラジルでは現在、初等教育の地方分権化が進んでいっている（江原裕美「ブラジルにおける初等教育の地方分権化」米村明夫編著『貧困の克服と教育発展―メキシコとブラジルの事例研究』明石書店、2007年、所収参照）。従来格差が極端だったブラジルのような国では、どんな人材を育てるかはきわめて大きな問題である。

一泊後、知念先生の車でサンパウロに戻った。


28日（木曜日）は田村三千代さんとサンパウロ市の美術館に行った。

29日（金曜日）、TAM（現在のLATAM）便でブエノスアイレスに午後1時過ぎに着いた。空港バスでターミナルのレティロに行き、そこから歩いて近くのホテルにチェックインした。

夕方の5時に出て、メトロのレティロ駅からインディペンデンシア駅乗り換えでフフイに行く。在亜沖縄連合協会の会館は駅からすぐの場所だった。ツアーバスが続々到着し始めたところだった。6時から、国外から来た客のウェルカムパーティが行われたが、われわれは8時前に引き上げた。

30日(土曜日)は朝食後、メトロとバスを乗り継いでボカのカミニートに行った。ここには1979年にも来たことがある。近くのサッカー場にも行ってみた。

昼食後、メトロでAv. de Mayoまで行き、そこからPlaza de Mayo方向に歩いていると、交通規制されて車が止まっていて、パレードの人々が待機していた。

2時過ぎから行列が動き始め、4時過ぎに終わった。エイサー、琉球舞踊、空手などは、本場の沖縄と比べると技術的には劣っていたかもしれないが、長期間にわたって非常に熱心に練習を積み重ねてきたことが明らかに見てとれた。世界各地からやって来たウチナーンチュの行進は再会の歓びにあふれていた。およそ2時間の間、大群衆に混じって見飽きず、ずっとビデオに収録し続けた。

アルゼンチンはブラジルの付録程度かと予想していたら、こっちの方がむしろ盛大だった。パレードも堂々、国会議事堂前の、町のど真ん中でやったため、現地の人もたくさん来ていて、ブラジルよりずっとよかった。

アルゼンチンは周辺国からの再移住や個人的な呼び寄せの移民の形態が大部分を占めていたので、このことが集団移民の多かったブラジルと比べると、現地社会への同化度合いをより深めたのではないかと考えられる。

パレードの後、近くにある民族学博物館を見てからいったんホテルに戻った。夕方6時に出て在亜沖縄連合協会の会館に行く。7時から9時過ぎまで琉球大学の移民フォーラムがあった。コメンテーターのラプラタ報知の崎原朝一氏の話が面白かった。娘の記録によると次のような内容だった。

沖縄から南米への移民というと、移住地への集団契約移住という面が強いが、アルゼンチンの場合、特にペルーやブラジルで契約を終えた人、あるいは破棄して来た人が多い。個人渡航のみが可能だとされた時期もあったことから、自由意思で移住してきた人が多いのかもしれない。また、崎原氏は植物学の視点から、移民の根づき方を植物にたとえていた。アルゼンチンは冬が不安定で、寒いときは非常に寒いが、暖かいこともあり、いい加減だ、と。沖縄や日本にある植物がアルゼンチンでよく育っているそうだ。その土地に合わせて人も根づいている、生活している、と表現された。アルゼンチンといえば、タンゴの他に、精神分析の隠れたメッカということで、精神科でお世話になっている人も少なくないようだ。崎原さんは生活史、精神史からアルゼンチンを伝えることも必要ではないかと述べていた。

フォーラム後、沖縄タイムスの又吉健次記者、新垣玲央記者に挨拶してから帰った。又吉記者には、読谷飛行場跡地の黙認耕作問題でお世話になった。

31日（日曜日）は疲れがたまっていたので、午後4時まで、買い物をしたりしてゆっくりしてから、在亜沖縄連合協会の会館に行く。

フフイ駅に着いたところで沖縄のおばあさんらしい人がいて、娘が声をかけた。二世のアラカキマリアさんだった。78歳だそうで、よくも一人でここまで来れたものだと思ったが、アラカキさんは娘の手を握って、たまっていた話をし始め、それがずっと続いて、話しぶりは孫を相手にしているみたいだった。娘はその話をノートに記録していた。

会館内は満員で人があふれていたのでしばらく会館前にいたが、2階からホールに入ってみると表彰式が終わりかけだった。アラカキさんは、スペイン語で話されているスピーチは日本語に訳して説明してくれた。アルゼンチンの関係者が出てくると誰なのかということも解説してくれた。

式典終了後、上の階で歓迎会があり、海外からの人と現地の人とに階がわかれるようになっていたが、われわれはアラカキさんと一緒に現地の人の所に行った。料理が豊富でおいしかった。アラカキさんは前夜のフォーラムで隣に坐っていたザキミアルベルトさんと親戚で、彼がラプラタ報知編集長の高木一臣氏らを紹介してくれた。アルゼンチンは広大で、遠隔地などさまざまなところから集まって来ており、沖縄県人会に入っていたとしても今回の催しを知らない人も多いのだそうだ。アルゼンチンの県人会で出会った人々を見ていると、物静かで威張らない人が多い印象である。

そして、話してみると非常に面白い話が多かった。

帰りは、アラカキさんを見送ることにした。レティーロ駅まで行き、ムンロへ向かう列車のホームまで歩いて行った。アラカキさんはここまで娘の手をつかまえて放さない感じだったが、お別れのハグをすると、さっそうと列車の方に向かっていった。

ブエノスアイレスの治安はよいように思われたが、アラカキさんの話ではひったくりなどもあることはあるらしい。しかし、大体ヨーロッパ風だなと私は思った。人々の顔はさまざまで、白人一色というのではなかった。

アラカキさんについての娘のメモが残っている。

〝アラカキさんは1930年にアルゼンチンで生まれた。5人の兄弟姉妹のうちのひとりである。1939年、9歳の時に家族みんなで日本に引きあげたらしい。日本への船はブラジルから70日間かけて乗ってきたが、船内では麻疹が蔓延し、乗船していた人のうち2人が亡くなって、仕方なく海に投げ捨てていたそうだ。

日本に関しては、「日本の学校はとってもよかった」「(戦後の)沖縄は悲惨な状態だった」「とっても貧しくてね」と思い出しながら、「あのころは裸足で歩いていたんだよ」と照れたように笑った。

1946年、ある日突然、消息がわからなくなっていたアラカキさんのお父さんから電報が届いた。内容は「Estoy bien, Venga pront.（私は元気です。アルゼンチンにすぐに来なさい）」というような簡単なものだった。

それから21歳の時アルゼンチンに戻り、アルゼンチンで紹介された10歳ぐらい年上の現地の人と結婚したのだそうだ。当時は必ず日本人と結婚することが好まれ、今のように恋愛して結婚というのもなかなかなかったようだ。アラカキさんは「こっちの人」(アルゼンチン人と思われるが、日系人かどうか定かではない)と結婚したと言っていた。昔は自分の意思というよりも、仕方なかったんだと何度も言っていた。

アラカキさんの仕事はアルゼンチンの移民には多いクリーニング屋だった。そこで長年働いてきて、お客さんとよく話をしたそうだ。町の中のクリーニング屋を覗いてみると、やっているのは日本人ではなく中国人ではないかと思われた。アラカキさんは、「中国人はお金があるよ」と言っていた。

現在、旦那さんはすでに亡くなり、3人の娘さんとたくさんのお孫さんたちがいるようである。アラカキさんの話す日本語はすばらしかったが、スペイン語を話す方が楽だと言っていた。時々、「ペロー(だけど)」とか「クラーロ(そう)」というつなぎの言葉が混ざって出てきて、単語がすぐに出てこないという感じだった。

日本語に劣らず、方言もよく話し、同世代の人には大体方言で話していた。アラカキさんが言うには、方言は乱暴な言い方をするからあまり好きではなかった、話したくなかったそうだ。

アラカキさんは小学校6年生までしか出ていないが、勉強が好きで、「日本語の本を読むときに分からないものは全部、帳面に書き写すの」と言っていた。友達からちょっとした通訳を頼まれたり、わからないことをきかれることもあるという。実際、１００年祭で友達が受け取った表彰状を口に出して読みながら、わからない漢字の読み方を私にきいていた。

帰り際、アラカキさんのいとこのお兄さんという90歳の方も紹介してくれた。

アラカキさんの妹さんもいたが、「彼女は話し出すと止まらないから」とアラカキさんは言い、話しかけずに会館を出た。

アルゼンチン生まれのアラカキさんだったが、外国人という感じはほとんど最後まで見られず、沖縄のおばあちゃんと話したという印象が残った。〃

9月1日（月曜日）、空港バスで空港へ行って、12：30発のランチリ（現在のＬＡＴＡＭ）便で午後2時過ぎにチリの首都サンティアゴに着いた（チリはブラジル、アルゼンチンより1時間遅れ）。

ミニバスでホテル・ニッポンに行ってチェックインする。受付は日本語、英語ともダメだったが、親切な感じだった。『地球の歩き方』を見るとこの日は祭日のようである（9月の第1月曜日は国民解放の日）。

旧市街のセントロは暗くなると治安がよくないということなので、明るいうちに歩いて見にいった。途中、日本食の貼り紙を見つけたので、寿司とサラダ、野菜ジュースを食べて満腹した。市場まで歩いて大体どんな風か分かった。ちょっと前の時代の感じである。日本人は非常に珍しいようでジロジロ見つめられた。バナナを買ったが、形が細長く大きい。味も普段食べているのとはちょっと違う。

2日(火曜日)、朝食後、バスでバルパライソに行ってきた。バルパライソは港町だが、周囲が山に囲まれ、そのてっぺんまで家々で埋まっていて、その街並みが2002年に世界遺産として登録されている。店など見ると、やっぱりちょっと昔の感じ。

サンティアゴに戻ってから、まずモネダ宮殿を見る。それからメトロのバケダノ駅からケーブルカー乗り場まで歩き、サン・クリストーバルの丘にのぼる。いい眺めだった。

バケダノからメトロで新市街に行ってみる。きれいなビル街になっていてしゃれた感じで、人通りは多かった。銀行のATMでクレジットカードから現金を引き出せた。スーパーで、紙の袋入りワインを買った。非常に安い。「面」という寿司のチェーンで食べる。みそ汁が、巨大などんぶり一杯入っていてびっくりしたが、おいしく、体が温まった。寿司もおいしかった。アボカド巻もあった。

サンティアゴは旧市街と新市街とがはっきりとわかれている。旧市街は寂れていて、暗くなると治安が悪い。これに対して新市街は本当にハイカラである。これが格差社会なんだなということを目に見える形で示している。われわれが泊まったホテル・ニッポンはちょうどその中間にあって、最寄りの駅がバケダノ駅である。

3日（水曜日）、朝食後、ミニバスで空港に行き、ブラジルに戻るため、ランチリ便にチェックインした。ホテル・ニッポンにいた日系人とその奥さんに会ったが、これからパラグアイのアスンシオンに行って、カンポグランジ付近の家に帰るということだった。三世だそうだ。

夕方7時過ぎにサンパウロに戻ってきた。ホテル・アカサカにチェックイン。

4日（木曜日）、朝食後、ホテルでメールチェックをしようとしていたら、宿泊客の青年がノートパソコンを持ってきてLAN回線に直接つないで使用し始めた。それをまねて、ノートパソコンを持ってきてつないだらインターネットに接続でき、日本語でメールを送れて感激した。当時はまだWiFiが今のようには普及していなかった。午前11時半に田村さんがホテルに来て、リベルダージのキロの店（重さで代金を決める店）で食べた。それからパウリスタ通りのシティ銀行に一緒に行ってもらい、クレジットカードを使ってレアルを引き出そうとしたのだが、うまくいかなかった。レアルが足りなくなってきて、1000レアルぐらいはどうしても必要なので、田村さんと別れてリベルダージに戻り、ツニブラ旅行社で5万円と150ドル両替したら1000レアルちょっとになった。残りのドルは1000ドルぐらいあるので、ボリビアは何とか大丈夫だろう。中川さんがホテルで待っていてくれて、一緒にジャバカラまでメトロで行ってから、歩いて奥間さんのいる施設に行った。奥間さんはこの日は気分があんまりよくないようだった。チリのお土産にもっていったアジェンデ関係の絵葉書は意味が分からないようだった。リベルダージに戻ってきて中川さんと別れ、ホテルで荷物整理をする。夕方6時過ぎに出て、田村さん宅に行き夕食をごちそうになる。玄米食でおいしかった。

9月5日（金曜日）～7日（日曜日）、サンパウロからバスで1時間半ほどのカンピーナスに行って、小原哲夫さんに会い、職場の東山農産加工社を見学した。そして、小原さん宅に2泊した。東山農産加工社は、日本酒や醤油などを製造しているメーカーである（2016年、社名を東麒麟に改称）。

小原さんは、1985年にサンパウロのペンションで会った松山さんの以前からの知り合いである。埼玉県浦和市出身で、日本大学農獣医学部卒業後、80年に農業技術者としてブラジルに来て、そのまま移住した。その後バイア州の専門学校でカカオの勉強を3年間やった。3年間山にこもって日本語も忘れてしまうほどの経験もしたという。奥さんはバイアで一緒に勉強した、日系でないブラジル人である。日本への出稼ぎブームが始まった頃、小原さんは頑張って出稼ぎしなかった。そしてその後農業から転じて東山農産加工社に入ったのである。小原さん宅は、ジャガリウナという、カンピーナスに隣接した町にある。所得水準の高い人たちが住んでいるらしく、落ち着いた町だった。昔移民も利用した鉄道の博物館がある。

9月8日（月曜日）、アエロスール便で夕方の6時頃（ブラジルより1時間遅れ）ボリビアのサンタクルスに着いた。着いて、入国手続きの後、100ドル両替しようとしたら5ドル戻って、95ドルで650ボリバールBs.ぐらい。タクシー（50 Bs.）でホテルラスアメリカスに行ってもらったら満員で、すぐそばのホテル・アレナールに空室があった。

最低飲み水は必要なので、出てみたら、人通りは少なくなっていて、道路で寝ている人もいた。プラサに出てみたが適当なレストランとかが見あたらないので、スーパーの場所をきいて行った。水、ジュース、パン、チーズ等を買って30 Bs.ほどだった。ボリバールはなかなか減らない。ホテルに戻って、ホテルのビジネスルームにノートパソコンを持っていって、直接つないだらつながった。

9日（火曜日）、朝食後、朝9時過ぎに出る。前日ホテルにチェックインした際にもらった地図で沖縄県人会の通りを探し出したので、歩いていくとすぐに見つかった。『地球の歩き方』に載っている地図で三浦商店とある所に沖縄スーパーマーケットもあり、奥の方に沖縄そばを売っている店も入っていたが、その2階に沖縄県人会事務所が入っていて、事務所にいた井上悦子さんと儀間いつ子さんに会った。どちらも親切だった。儀間さんは沖縄キリスト教短期大学に2年間、JICAから留学していたそうである。一世みたいに見えたが二世だそうだ。コロニア・サンファンの人と結婚したということだった。それでついでにきいたら、今、コロニア・サンファンに行く道は政治的な理由で封鎖されていて行けなくなっているとのことだった。また、アルゼンチンとの国境も封鎖されているそうである。

比嘉次雄会長はコロニア・オキナワにいるそうなので、行き方を教えてもらった。トゥルフィーという乗り合いミニバスに乗って、途中モンテロで乗り換える。トゥルフィー乗り場までは、儀間さんが環状1号線を走っている18番のバスで連れて行ってくれた。どこで降りるのかわかりにくく、儀間さんについてきてもらわなければ分からなかったに違いない。

トゥルフィーはサンタクルス－モンテロとモンテロ－オキナワがそれぞれ7Bs.である。モンテロには1時間ほど。そこからオキナワまで40分ぐらい。モンテロではオキナワに行くお客さんが他にいなくて、われわれ2人だけで35Bs.で行ってもらった。5ドルぐらいだから安い。

モンテロの町を抜けると大農場風景が続き、かなり走ってからオキナワのゲートを通り過ぎ、それからちょっと走ってオキナワのメインロードに着いて終点。歩いて文化協会に行く。比嘉さんは村役場で働いているそうで、窓口で電話してくれるとちょっとして車でやってきてくれた。比嘉さんは村役場で助役をやっているんだそうである。村長はボリビア人である。

比嘉さんとまず昼食を一緒に食べる。守礼門のような入り口の食堂で食べる。私はショウガ焼き、娘は野菜炒め、比嘉さんはカツ丼。おいしかった。食べている途中、村長ら3人が来た。その後学校に行く。比嘉さんの娘さん（中2）もいた。1時半から午後の授業で、午後は日本語の時間になっているとのことである。職員室に行くと7人の先生がいて、うち2人は沖縄県から来ているそうだった。ちょっとで授業の時間になり、それを少し見てから、沖縄県から来てまだ日の浅い男の先生と話した。

それから文化協会に行って、同じ敷地内の博物館を見学した。展示を案内してもらっている途中で携帯が入って、比嘉さんは用事ができて、お別れした。われわれ2人だけで続きを見た。忙しそうなので、比嘉さん宅に泊めてもらうのは遠慮することにした。

見終わったところへ文協の女性職員が来た。この人もサンファンの方と結婚したそうである。高校はサンタクルスに出て、一緒の学校に通うので交流ができるらしい。オキナワとサンファンは仲が悪いと一般にいわれるが、若い世代はそうでもないらしい。ボリビアの政治については、この人は、今の大統領では話にならない、とはっきりと言った。

別れてからトゥルフィー乗り場に行くとすでに1人乗って待っていて、われわれが来たらすぐに出発した。途中2カ所によって届け物を預かってからモンテロに行く。続いてサンタクルス行きのトゥルフィーもすぐに出た。サンタクルスに着いて、環状1号線に入ったところでトゥルフィーから降り、歩いてホテルに帰った。

前日と比べて人通りが目だって少なかった。プラサに向かっていく人々はみんなマスクをしていた。お祭りのような空気ではない。店も閉まっていっている。ショーウインドウをおおう作業をしているところもあった。ホテルに戻ってテレビを見るとプラサが映っていて、集会が開かれている。だんだん反政府集会だとわかってきた。後できいたら、われわれがオキナワに出発した頃サンタクルスで暴動が勃発したらしい。スーパーもシャッターを大部分閉めて、いつでも閉められるようにしながら営業していたので、レストラン探しはやめて、スーパーで十分な食べ物を買ってホテルに戻りテレビをみていた。時々爆竹が空に上がるのが見えた。テレビでは放火の場面も映っていた。われわれは、ともかくオキナワに行ってこれたことで満足した気分だった。

10日(水曜日)、朝9時半頃出て、中央日本人会まで歩いていった。立派な建物だった。日本語関係の所に行くと、日本から来て1年半ぐらいという女性がいて、前日の暴動で空港も封鎖されたかもしれないという。閉じこめられたらどこへ逃げようか、というような話をしているらしい。深刻な事態だと感じられた。そこで、施設見学とかはやめにして、歩いて沖縄県人会に行った。儀間さん、井上さんも飛行機が飛ぶかどうか分からないという。当分ボリビアから出られなくなるかもしれない。そうなったら、どうしようもないと腹をくくる。昼前まで県人会で話してから、下で沖縄ソバを食べた。おいしいのだが、スープがちょっと薄い感じ。

それから、いったんホテルに戻って夕方、沖縄県人会前のチョビー旅行社に行った。飛行機は飛ぶけど、空港の50メートル手前ぐらいまでしか車が入れないので、歩かないといけないということだった。暴動の影響はないのかときくと、飛行機は関係ないみたいな感じだった。また県人会に顔を出すと儀間さんだけいて、昨日はあれから爆竹が鳴って、県人会の下の店も一時閉めたそうである。儀間さんは、夜は日本語を教えに行っているが、昨夜は6人のうち2人しか来なかったそうで、今夜はどうなるかな、ということだった。プラサの方には近づかない方がいいと言われた。しかし、夜スーパーに行き、中華レストランで食べてから歩いてホテルまで戻ってきたのだが、町の中は平穏な感じだった。ホテルそばのアレナール公園ではチェスをしている人たちがいた。テレビを見ていたら、CNNが、モラレス大統領が米国大使は出て行くべきであると言ったこと、ボリビアとアルゼンチン、パラグアイ間の国境が封鎖されたことを伝えた。

11日（木曜日）、朝6時半頃チェックアウトして、タクシーを呼んでもらい、空港に向かう。確かに空港手前で降ろされたが、そこを歩いて越えると別のタクシーが待っていて、空港ビルまで行ってくれた。各タクシーに50 Bs.払ったので倍の値段になった。アエロスール便は予定より30分ぐらい遅れたが、問題なく飛んで、サンパウロに戻れた。

サンパウロ新聞にボリビアの記事があった。その後の情報も合わせて判断すると、CNNも伝えたように、暴動の背後で米国が関わっていたと思われる。集まっていた人々もかなりが「動員」された人々だったのではないかと思われる。だからだろう、あまり切迫感は感じられなかった。また、日系社会の人々がボリビアの中でどういう位置にいるかも、だいたい把握することができた。入植が1950年代でまだ一世が生きている段階であり、日本とのつながりが切れていない感じもした。日系社会の現地社会での政治的関わりのあり方については、旅行に行く直前に目を通した三山喬『日本から一番遠いニッポン』（東海教育研究所、2008年）がとても参考になった。三山氏とはその後2015年に沖縄で会った。

13日(土曜日)、サンパウロのコンゴーニャス空港から、朝9：50発のTAM航空便で、カンポグランジに10時半頃(サンパウロより1時間遅れ)に着いた。

タクシーで中央露天市場(Feira Central)に行く。まだ人が来ていない。巨大なので、ざっとまわって全体をつかんでから、人が少ないうちに食べようと、沖縄らしい感じの店に決めて注文する。1食500円ぐらい。店主のおじさんは確かにウチナーンチュ。沖縄ソバは確かに沖縄ソバという感じだが、トッピングの肉は牛肉みたいだった。あわせて焼き飯も注文した。

食べていたら、店主が、カンポグランジ市の沖縄県人会長玉城ジョルゼ諚二氏を連れてきた。奥さんもやってきた。家族連れでこの店に食べに来たのである。奥さんは愛知県出身の一世だそうで、玉城氏はブラジル銀行を辞めてから弁護士になったのだそうである。玉城氏は、今日沖縄県人会館で学習会があると教えてくれて、住所を書いてくれた。店主のおじさんはフェイジョアーダをおごってくれた。

食べてから中心部に向かおうと思って交差点に立って待ったが、タクシーは少ない。運よく空車が来た。運転手は沖縄二世で、タイラという名前だそうである。

県人会に着いて事務室に行くと女の先生が集まっていた。そこにいた山本時子先生がしばらく自分の話をしてくれた。

山本先生は1940年名護生まれで、こちらに来て50年だそうだから、沖縄が米軍時代の1950年代後半にブラジルに来たことになる。私の妻が瀬長亀次郎の親戚だというと、彼女の親戚も当時共産党（復帰前は人民党だったのではないか？）だったそうである。しばらく話してから、山本先生は大学生の女の子と高校生の男の子を連れてきてくれた。娘の記録が残っている。

女の子は原崎ゆみさん。お母さんが沖縄県系人二世であるが、お父さんは山口県出身の一世（9歳の時に移民）で、現在60歳近くになり、神奈川県で出稼ぎ中だという。ゆみさんは大学1年生で、プログラマーのコース専攻。日本語は普通に話せ、日本人らしい印象である。日本語はお父さんがいれば話すそうだが、3年前に出稼ぎに行ってからは家では話さないそうで、日本語学校以外ではほとんど話す機会がない。日本にはジュニアスタディーツアーで前年行って、名護にも行ってきたそうだ。大学が終わってから日本に行きたいそうだ。日本の国籍はほしいと思っているが、その時ブラジルの国籍を失う可能性があるという。三線も太鼓もできるそうだ。

男の子は高木たけし君。両親とも日系人で、沖縄とは関係ないそうだが、幼稚園のときから県人会の日本語学校に通っている。高校2年生。めがねをかけた、ほっそりとした男の子だった。日本語はどのくらい話せるかわからないが、われわれの話を少しは理解しているようだった。質問してみると、わからないようで、ゆみさんがポルトガル語に通訳していた。日本語のクラスはいくつあるのか、との質問に、七つと答えていた。席を外していた山本先生が戻ってきて、「たけしくん、返事をするんだよ」と言っていたので、普段からおとなしいのだろう。

山本先生は、さらに2人連れてきてくれた。

一人は河波けんじ君。お母さんがウチナーンチュ。ジュニアスタディーツアーで2005年に沖縄に行った。ラテンアメリカでナンバー1のサンパウロ大学で国際関係を専攻している。彼はたまたま、3日前からカンポグランジにバスで来ていた。サンパウロにいる母方のおばあさんのところに下宿しながら、2時間かけて地下鉄とバスで大学へ通っている。遠いけど、ナンバー1のいい大学だからと文句はないようだった。家庭内で日本語を話しているかときくと、おばあちゃんが沖縄出身で、話すときに沖縄方言、ポルトガル語、日本語をごちゃ混ぜにするので少ししか理解できないという。けんじくんは普通に日本語をよく話していた。サンパウロとカンポグランジとの違いをきくと、「冬は、サンパウロでは雨が少し降り、カンポグランジは暖かい」と。国際関係専攻ということなので、ブラジルでは米国についてどう思っているのかときいてみると、好きでもないが、嫌いでもないという。ブッシュ政権からオバマに変われば、政策も変わっていくだろう、そうなってほしいと言っていた。逆に日本ではどう思っているのかとけんじ君から質問されたので、日本は米国のことは好きではないが、米国に従っている、と娘は答えた。

さらに後から、中馬《ちぐま》カレンさんが来た。おそらく大学生だろう。ジュニアスタディーツアーで、2008年に沖縄に行った。家では日本語を話す機会がないそうで、日本語学校でしか話していないそうだ。でも、日本語をよく理解できていて、よく話せていた。イギリス、ドイツなどの国名を聞くと、目を輝かせて反応していたのでヨーロッパが好きなようだ。

彼らが経験したジュニアスタディツアーというのは、沖縄の親戚の家で1週間、日本語を学びながらホームスティし、あともう1週間観光をするというものだそうである。

ここの日本語学校はどうですかとの質問に、みんなが首を縦に振って頷いていた。話が盛り上がってきていたが、午後3時頃エイサーの披露が行われることになったということでお呼びがかかり、会館内の舞台のあるところに移動した。なんでも、別のところで披露する予定だったが、バスの運転手が道に迷い、時間までに迎えに来られなくてキャンセルになったのでここでやることになったという。演技は立派なものだった。踊った女の子のうち1人はブラジル人の顔立ちだったが、お父さんもお母さんも日系で、養子に取ったのだそうである。また、韓国人の男の子もいた。

この日の夜はメルカード（市場）の50周年記念で、大きな祭りがあるそうで、見られなくて残念と言われたが、ここに来れただけでも十分だった。

午後4時前になってタクシーを呼んでもらって空港に行き、ロンドリーナ経由で午後9時半頃サンパウロのコンゴーニャス空港に着いた。

15日（月曜日）は田村さんとタクシーをチャーターしてサントスに行ってきた。

サントスでは、まず沖縄の守礼門がある庭園に行った。そこには移民１００周年のポスターがあって、庭園自体そんなに古くないのではないかと思われた。那覇市の姉妹都市であるサンビセンテもまわった。コーヒー博物館は月曜日で休館で、そのそばでコーヒーを飲んで雑談した。

帰りはジャバカラ駅で田村さんと別れ、奥間邑盟さんのお見舞いをした。三度目のお見舞いだったが、この前行ったときと比べるとこの日は奥間さんはしっかりした感じで、雑談もできた。

16日(火曜日)、13:30発の大韓航空便で夜10時前(サンパウロより4時間遅れ)にロサンゼルスに着いた。予約したガーデナのホテルにタクシーで行く。タクシー代は40ドルほど。ホテルにチェックインしてから、ホテル裏手にあるショッピングプラザに行って、台湾風のお茶屋でラーメンを食べた。おいしかった。


翌17日(水曜日)、ホテルの受付で沖縄県人会への行き方を聞くと、歩いていけることが分かったので、朝9時に出かけた。

沖縄県人会には、最初は英語しかしゃべらないボランティアのおばさんがいて、事務室の隣の図書室を見せてくれた。来年が100周年だそうである。

10時になって事務室に戻ろうとすると、松田さんという夫婦が来ていた。ご主人は読谷出身、奥さんは本土出身者で、川越市役所職員だったそうである。タイのチェンマイに住んでいるという。これから米国をバスで回るそうだが、どこに行っても沖縄県人会があるということで来てみたということだった。われわれと同じようなことをする人もいるんだなと思った。事務担当の女性が来たので一緒に話していたら、さらに、会館の建物提供者のお姉さんにあたるおばあさんも来て盛り上がった。昼になるまで話した。立派な本になっている『北米沖縄県人会史』をもらった。

その後、松田さん夫妻もリトルトーキョーに行くというので、一緒に県人会館そばからバスに乗った。途中、ダウンタウンとは逆の方向に曲がったと思われたので降りて、バスを乗り換え、Wilshireとの交差点でさらにメトロに乗り換えてシビックセンターまで行き、そこから歩いてリトルトーキョーに行った。ロサンゼルスにメトロが出来たことは今回初めて知った。

リトルトーキョーは以前はよく来ていたのだが、ずいぶんかわった。日本食堂で食べてから、移民博物館を見学した。大変立派な博物館なのだが、沖縄と日本とは区別して意識されていない。米国本土での沖縄系移民の位置づけを反映しているのだろう。

帰りは、ガーデナまで帰れる直行のバスが非常に少なく、暗くなってしまうと危ないので、松田さん夫妻も一緒にタクシーで戻った。渋滞時だったが、タクシーは車がほとんど走っていない内側車線を走れるようになっていて、すてきなドライブができた。十分明るいうちにガーデナに戻ってきた。

18日（木曜日）は最後なのでゆっくりやろうと決めた。ホテル近くに日系移民関係の本がある図書館があるということで、歩いて行ってみたが、閉まっていた。

そこから歩いていけるところにGardena Valley Japanese Cultural Instituteというのが地図に載っているので、どんなところなのかと思って行ってみると、二世の年寄りたちが50名ぐらい集まって何かやっていた。日本のデイサービスのような感じで、それをクラブみたいな形で運営しているように見えた。われわれでも、申し込みをし、料金を払えば弁当が食べられるそうだ。沖縄の牧港で働いていたというおじさんがいて、そのおじさんがそこにいた人々に順番にわれわれを紹介していってくれた。私は途中で抜けて入り口の所に置いてあった日系新聞の羅府新報を読んでいた。娘はボケているのではないかと思われるおばさんと話していた。

昼過ぎまでいてから、リドンドビーチブルーバードに出て、吉野家で牛丼を食べる。

それからバスでリドンドビーチに行こうとバス停を探していたらタクシーが来たので手をあげたらうまい具合にとまってくれた。リドンドビーチの埠頭まで26ドルぐらいだった。若い運転手で、彼が持っていたリドンドビーチの案内図をくれた。ビーチはサンタモニカに比べて幅が狭い。釣りをする人が大勢いて、カニ等が食べられる店もたくさんあった。

ざっと歩いてから、タクシーが停まっていたので乗って、ホテルまで戻った。運転手はブルガリアから来た人だった。大変なおしゃべりで、奥さんが料理をしないから自分がするなどと、後ろを振り返りながら話すので、ハラハラさせられた。午後3時頃には戻って、あとはホテルでゆっくりしていた。

今回われわれはガーデナのホテルに泊まったが、バスは本数が少ないし非常に不便である。タクシーも、流しのタクシーはほとんど走っていない。車を持っているということを前提にしないと思うように動けない。しかしわれわれは、前日までで用事は終え、この日は特に行きたいというところもなかったので、レンタカーを借りなかった。その場合、夜は危なくて全然歩けないので、ホテルに隣接してショッピングプラザがあったのは非常に助かった。日本語で用を足せる店が多く、英語は無用という感じだった。ショッピングプラザにはブックオフもあり、日本のブックオフと変わらないような品揃えであるが、値段はやっぱり高い。でもとにかくこの周辺に日本語を使っている人が相当たくさん住んでいることは容易に感じられた。そういう状況を観察できたのはそれなりに面白かった。

19日（金曜日）、予約していたタクシーで朝8時に出発して空港に行き、予定通り11：40発の大韓航空便に乗って、20日（土曜日）、午後3時過ぎに成田に着いた。機内ではほとんど寝ていた。1カ月余りの長い旅だった。

以上が2008年に南米とロサンゼルスを旅行したときの記録である。

この旅行がきっかけになって、その後、クリチバに行くようになって現在に至っているので、これが一番大きな収穫だった。偶然にしては出来すぎという感じである。

それだけでなく、ロサンゼルスで会った松田さん夫妻にも大きな興味を感じて、彼らがタイのチエンマイでどんな生活をしているのか見にいきたくなった。それで、翌2009年の3月4日に沖縄から娘とチェンマイに行って松田さん夫妻を訪ね、3月7日に帰ってきた。

出発するちょっと前の2月23日（月曜日）に下川裕治『愛蔵と泡盛酒場「山原船《やんばるせん》」物語』（双葉社、

2008年)を見つけて買ったが、この愛蔵さんというのが東京の中野にいた人で、チェンマイに住んでいるという。松田さんもチェンマイに住んでいるというので、行ってみようと決めたのである。

準備はトントン進んだが、肝心の松田さんとは何の連絡もとっていなくて、例えば松田さんたちが旅行中で留守なら会えない。出発前に、チェンマイからメーホーソンに行く計画を立てて、チェンマイの旅行社にメールで尋ねたが、往復車をチャーターして行くには日帰りでは遠すぎ、飛行機往復は、たぶん飛行機が小さいのだろう、満員でうまくセットできなかった。だから松田さんに会えなければチェンマイの街と郊外をぶらぶらするしかない状態で、まあ運を信じるしかなかった。

4日(水曜日)夜チェンマイに着いて、翌5日(木曜日)の朝9時半頃トゥクトゥクで松田さん宅に向かう。運転手は途中何度も人に尋ねたが、誰も分かっているようには見えなかった。とうとう警察署に行って聞くと、確かに分かったようで、それから2度ぐらい人に聞いて、松田さんの表札が出ているところに着いた。キーロックされた敷地内に3軒家があって、その一番奥だった。

松田さんも奥さんもいた。松田さんは月・水・金はゴルフに行くそうで、つまり、前日だったら留守だったわけである。話し始めてからちょっとして『愛蔵と泡盛酒場「山原船」物語』を出したら、松田さんも持っていて、知り合いだというのにはビックリした。

奥さんが4時頃には起きて散歩するから早いんだそうで、早めの食事をいただく。ご飯はタイ米に餅米が混ぜてあるような感じだった。草色のソーメン。キャベツロールなどのおかず。食後、庭に出来たパパイアとバナナを食べる。バナナはコクがあってうまかった。サトウキビでつくった焼酎を瓶ごともらった。

松田さんは、生まれは川崎の鶴見であるが、3歳頃、お父さんが亡くなってから沖縄に行って、ちょうど戦争にぶつかった。仕事は土木関係だったらしい。奥さんはもともとは川崎の人で大師の近くらしい。川越市役所に20年間勤めたという。

そして、食後、松田さんの車で出て、まずチェンマイ中心部近くの愛蔵さん宅に行く。愛蔵さんは脳卒中で半身が動かないが、頭はしっかりしていて、色んな話をしてくれた。それをビデオに記録した。愛蔵さんは、坊さんの絵に文句の入った色紙を書いていた。3月末頃に本の出版祝賀会が中野で開かれるそうで、そこに展示する準備だそうだった。

このあと、チェンマイ西方の坂道を上がっていってワット・プラ・タート・ドイ・ステープというお寺に行く。それからさらに奥のモン族の村に行く。広場を囲んでお店があるが、その中にヤマオジさんという日本人のお店があった。現地の女性と結婚されたそうで、ご本人は留守で奥さんがお店にいた。

夕方、ホテルそばまで戻ってきてから、ナンクルという沖縄の人の店があるというので行ったら、お店は空になっていて、別のお店が入る準備中だった。

翌6日（金曜日）も松田さん夫妻は、チェンマイ国立博物館、山岳民族博物館を案内してくれた。

空港で別れたが、松田さんの奥さんは、今度は学生も連れてきなさいね、と本気ですすめてくれた。

こんなに歓迎してもらえるとは思わなかった。

バンコクに1泊後、沖縄に戻った。

第3章　2009年ブラジル・クリチバの旅

左からヤビクコウキさん、アカミネカズコさん夫妻、娘
（クリチバにて2009年8月12日撮影）

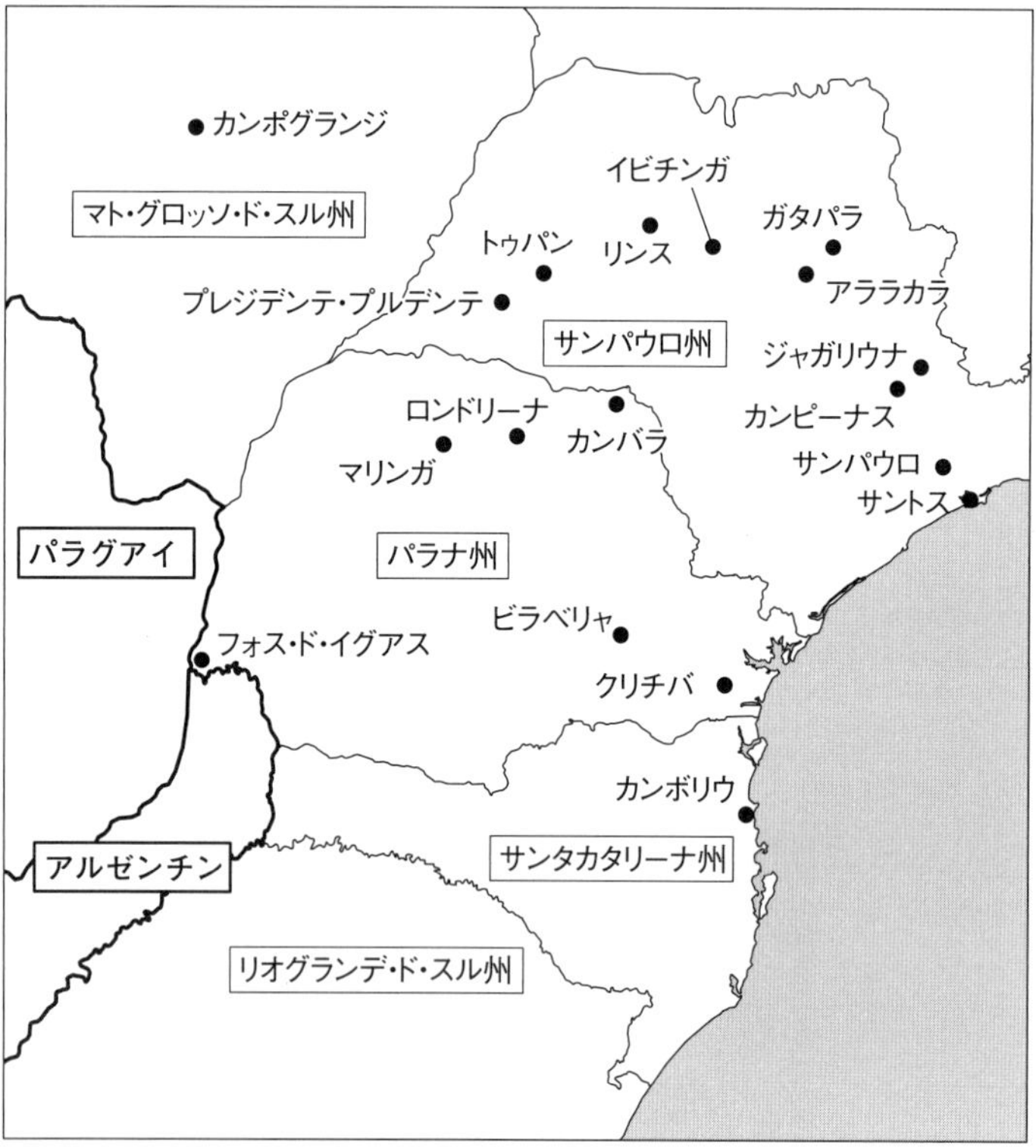
カンポグランジ
マト・グロッソ・ド・スル州
イビチンガ
ガタパラ
トゥパン
リンス
アララカラ
プレジデンテ・プルデンテ
サンパウロ州
ジャガリウナ
ロンドリーナ
カンピーナス
カンバラ
マリンガ
サンパウロ
サントス
パラグアイ
パラナ州
ビラベリャ
フォス・ド・イグアス
クリチバ
カンボリウ
アルゼンチン
サンタカタリーナ州
リオグランデ・ド・スル州

今回は娘が先に行っていたので、私はあとから一人で出発した。２００９年８月10日、沖縄から全日空で成田に行き、ユナイテッド航空便に乗り継いで、ワシントン経由で11日朝８時40分頃ブラジルのサンパウロに着いた。入国手続、税関を終えてから、タクシーで長距離バスターミナル（ホドビアリア）に行き、午前11時発のバスでクリチバに向かい、夕方５時半頃クリチバに着いた。長い旅だったがそんなに疲れなかった。娘の他、山城弘義さん、ヤビクさんが迎えに来てくれた。

娘は調査のため、私より１カ月前の７月13日に日本を発ち、同月20日まではサンパウロの田村三千代さんと一緒にいて、そのうち18日から20日までは、田村さんが以前住んでいた、サンパウロから北２８３キロのグァタパラ移住地に行っていた。その後、同月21日にバスでクリチバに着いたのである。

娘の記録が残っているので、私が着くまでに娘がどんなことをやっていたのかはだいたい推測できる。当時の沖縄県人会長ウエズさんや、その後会長になったマツオマリアさん夫妻、現在の会長ヒガエリオさんの家族、山城弘義さん夫妻などが親切に娘のことを心配してくれた様子であるが、クリチバの人たちは娘が何を調べに来たのかハッキリ分からなくて対応に苦慮したようである。

娘自身もまた、テーマがハッキリしない様子だった。それに、当時は娘はポルトガル語が全然できなかった。しかし、あっちこっち顔を出して名前と顔が一致するようになったのはよかったのではないか。この種の調査では最低限必要なことだ。

娘は、８月６日にはロンドリーナに住んでいるウエズさんの親戚宅に行き、ロンドリーナからさらにカンバラという町にも行ってきてから、8月9日にクリチバに戻っている。ロンドリーナはパラナ州北部にあり、クリチバに次いで日系人が多い町で、西宮市、名護市と姉妹都市になっている。カンバラはロンドリーナから100キロ余り東方の町である。

山城さんと一緒に私を迎えてくれたヤビクさんとは初対面だった。娘は次のように記録している。

〝ヤビクコウキ：1924年生まれ？　戸籍が間違っておった、58歳だと冗談をいう。85歳。何世ですか、と聞くと「ノン、セイ（知らない）」と返事する。二世。両親は名護の羽地《はねじ》。

飲み会や集まりにはよく行き、みんなで飲むことが好きなようだ。「のまん会（のまないかい？）」という飲み会も作ったとか。話し方から一世と間違えるほど沖縄の人。

日本に出稼ぎしていたこともある。50代の時、名古屋の三菱で1年間ほど部品組み立て作業をした。そこでは出稼ぎで来ている人は日本語を話せない人が多く、誰かが体調が悪いなどの問題があるときによく通訳を頼まれるようになり、貴重な存在だったようだ。その後東京の羽村で半年ほど過ごし、不動産会社を経営していた。現在は弟さんが継いでいる。

ヤビクさんは2度結婚している。女性、若い人から人気があると山城さん。経験豊富で何でも知っている。何とも言えないのんびりした雰囲気がある。お母さんの兄さんが、ハワイへ移民。〟

背筋がしゃんとしていて、とても85歳には見えなかった。私が着いた日の夜、山城さんの家族とヤビクさんがシュハスカリア（焼き肉屋）で歓迎会を開いてくれたのだが、息のあった飲み友達ぶりだった。お開きに山城さんは三線を演奏してくれた。こういうふたりが迎えてくれたことで、この夜のことは今も鮮明に記憶に残っている。

12日（水曜日）、朝7時半頃起こされて、急いで朝食後、山城さんの車で山城さん宅に行く。週末にフェイラ（露天市）があり、自宅でパステル作りの準備をしていた。パステルというのは、10センチ四方ぐらいの薄い揚げ菓子風スナックで、中にチーズが入っている。自宅の駐車場にはフェイラに行くときにお店になる大きな専用の車が停めてあった。

山城さんには3人の娘さんがいるが、その3人とそれぞれのお婿さん全員がフェイラでパステルを作って売る仕事をしている。山城さん自身は、ちょっと前に引退して、仕事は全部子どもたちに委ねたそうで、工場作業ふうに、皆さん着々と準備作業をしていた。娘さんたちは大学も卒業しているのにお父さんの仕事を継いでやっている、と山城さんが言うので、そんなにいい仕事なのかなと思った。長女の婿さんは日系人で日本語も話せた。次女は結婚したばかりだった。昨夜は風邪で顔を見せなかった山城さんの奥さんも、もう治りかけみたいのようで起きていた。

やがてヤビクさんも来た。そして、ヤビクさんの車でアカミネカズコさんを訪ねていった。アカミネさんは、弁護士の夫や娘と共同の事務所にいた。赤嶺さん夫妻には、すでに前年、移民100周年の際にサンパウロで会っていたのだが、そう言われて初めて思い出したのだった。

まずカズコさんの事務室で話しを聞いた。娘の記録が残っている。

〝カズコさんのお母さんは1937年にブラジルに来た。ブラジルに来てすぐに生まれたのがカズコさんだそうである。サンパウロ州のバウルーという町に住んでいた。15歳ですでにサロンを経営していたというから、もともと事業家肌の人なのだろう。クリチバでは30年間、結婚式衣装のデザインの仕事をしてきたという。現在、ライオンズクラブやソロプチミストなどさまざまな組織の運営に関わっている。ソロプチミストというのは、管理職、専門職についている女性の世界的組織で、人権と女性の地位を高める奉仕活動をしている。彼女が強調していたのは、仕事は社会の上層部の人たちを相手にしてきたけれど、貧しい下層の人たちにも新しい仕事をつくり出していきたいということで、例えば、クリチバには芸術大学の学生たちがリサイクルで集めたものから新しいものつくり出すプロジェクトがあるそうだ。彼女はさまざまな肩書きを持っていて、活動の範囲も世界にまたがっていて広く、活動の具体的なイメージはつかみにくかったのだが、ゆったりとしていて、自信に満ちた語り口だった。〃

彼女の最初の夫は8年前に亡くなり、娘と息子が一人ずついて、娘さんは米国のヒューストンの大学で言語学の先生をしているのだという。やがて現在の夫もやって来たので、彼の法律事務所の方も見せてもらった。若い弁護士がたくさん働いていた。彼の娘さんの事務室も見せてもらった。この娘さんもヒューストンの大学を出た人で、家の中では意識的に英語で話しているとのことだった。こういう家族の中で違和感もなく動いているアカミネさんを見て、これまで見てきた移民のイメージとは違うものを感じた。

この後、奄美の人がやっているレストランで日本定食を食べた。この店の名前はナカバ（中場）

というのだが、もとは一字の「央」という姓だったそうで、改姓したんだそうである。この店に、山城さんとヤビクさんはよくカラオケで来るそうだ。

それから、公設市場に連れていってもらった。ウチナーンチュで店を持っている人たちが今も結構いて、紹介してもらえた。

それからさらに、クリチバ市の都市計画部局にいって、そこで働いているタミナトヒロトシさんから話を聞いた。タミナトさんは日本語を話さないので、山城さんとヤビクさんが通訳してくれた。きいたのは主に経歴と家族のことである。娘の記録によれば次の通り。

タミナトさんのお父さんは1930年、17歳のとき、国頭《くにがみ》郡今帰仁《なきじん》村字天底《あめそこ》からブラジルへ来た。戦後、お母さん（旧姓：阿波根）たちを連れに行った。タミナトさんは5男で、1950年生まれ、当時59歳の二世。サンパウロ州のプレジデンテ・プルデンテに住んでいた。大学入学でクリチバに来たのである。建築、エンジニアリングが専門で、ナイトフェイラを計画し、学校などの建築もした。奥さんは広島県系人だという。

子どもは4人で、長女30歳（米国に留学）、長男28歳（ロシア在住）、次男27歳（タイで博士）、三男25歳（1年間日本留学後、県費留学でハワイ・ホノルル在住）というから、全員ブラジルの外にいることになる。こういう例は、その後何度も見聞することになった。こちらにいる移民の人たちは、われわれが考えている以上に身軽にあちこち動いている。やっぱりそういう文化がブラジルなど南米には根づいていることを感じさせられてきている。

あと私はクリチバのまちづくりに興味があったので、その関係の質問をいくつかした。クリチバのバス路線地図をもらえたし、スラムのある場所などについても教えてもらえた。話し終わってからセントロにある山城さんの妹さんがやっている軽食屋に行って食べながら雑談する。あと、ホテルまで送ってもらってきた。

ちょっと休んでから、夜は滞在中のハラホテルに隣接しているレストランでスープを食べた。ハラホテルはフイ・ハラさんという州議会議員だった人が家族で経営している。フイ・ハラさんはもともと医師だそうだ。フイという名前は綴るとRuiである。隣のレストランもハラさんが運営していて、ホテルの朝食はここで食べるようになっていた。娘の話ではここでたえずいろいろな催し物が行われるということで、サロンみたいになっているのだろうと思われた。

翌13日（木曜日）はホテルで朝食後セントロまで歩いて行く。途中、エスタソンというショッピングセンターでクリチバ市の地図を買った。エスタソンというのは「駅」（ステーション）という意味である。昔はここに鉄道駅があったのだろう。

セントロからちょうど出発する赤色のバスに乗った。料金を改札で払って屋根付き待合いブースに入り、そこから乗るのである。

専用路線を走るので、高速で、渋滞はない。セントロ周辺は信号があるので結構停車したが、そこを抜けるとすばらしいスピードで走った。われわれの乗ったバスは南方に向かったのだが、30

分ぐらいで終点のようで降りた。鉄道駅のような感じになっていた。そこからまた戻ってきたのだが、戻る方向のプラットホームに移動するときは改札がなくタダだった。思うに改札外に出なかったということなのか。よく分からない。

バスのシステムがだいたいつかめたので、あとはセントロを歩いた。途中、バイキング式の定食を食べた。娘は髪が伸びたので切ってもらった。ホテルのすぐにそばのスーパーでビールなど買ってから帰った。私は時差ボケで眠く、夜9時半頃まで寝た。起きてから娘と散歩に出てみたら、売春婦が通りに立っていて、車での通行者と交渉していた。3人ぐらい見たが、うち1人は女装したゲイだった。それからまた寝た。

14日（金曜日）、昼にマツダノブテルさんが来てマンションの自宅まで車で連れて行ってもらう。奥さんのルジーアさんの作ってくれた昼食を食べながら話すうち、切符の予約変更の話になって、ルジーアさんが電話してくれて変更は簡単にできた。ところが、新しく送られてきた切符を印刷しようとしたらインクがないということで、ノブテルさんが買いに行った。戻ってきてからなかなかセットできず、さらに、セットが終わってから印刷してみたら文字が小さいということで、ノブテルさん宅の近くにあるパソコンショップの人が来て見てくれて、やっと夕方の6時頃に印刷できた。それから夜9時頃まで話を聞いた。

娘は8月5日にすでに1回目のインタビューをしていて、その時の記録を確認しながらきいていった。娘の記録をもとに話の概要を述べる。

ノブテル（信照）さんはサンパウロ州・リンス生まれの二世で、パラナ州の日系人社会の中で初めてのクリチバ市会議員になった人である。

ノブテルさんは勉学のため9歳の時ひとりで親戚を頼ってアリアンサ移住地に行った。高等学校を卒業し、1945年にサンパウロの工科大学へ進んだが、大学1年の時、体が弱く、鼻から血が出るなどしたため、医者から気候がいいところ（空気がいいところ）に転地することを勧められ、当時は田舎町だったクリチバへ転校した。水、空気がきれいだった。

その後、ノブテルさんはパラナ連邦大学を15年かけて卒業した。それは学生運動の中心に立っていたからである。ノブテルさんは4人兄弟の長男であるが、兄弟がみんな卒業してしまったのに35歳まで学生運動をしていて、そのため、金銭的にも困った。

ノブテルさんの経歴を聞いていくと、中学生時代から政治に関わっており、学生運動から日系クラブが出来たことがわかった。当時、ブラジルでは各州で学生運動が起こり、大学生に政治的な力があったという。クリチバには、大学など学校が多くあったため、田舎や外から来た学生たちが卒業後もそのまま住み、その家族たちも呼び寄せられるなどして移り住んでいる人が多い。パラナ州での学生連盟（UGC：ウニオン・ドス・ガクセイ・デ・クリチバ）を立ちあげる運動をした中心人物の中にはノブテルさんも含め、ウチナーンチュが含まれている。

当時、勝ち組・負け組の問題が収まらず、喧嘩状態が続いていた。勝ち組とは、ポツダム宣言受諾後も日本の敗北を信ぜず、「日本は戦争に勝った」と信じていたグループ、負け組とは敗戦の事実を認めていたグループのことであるが、学生連盟が日本のニュースや映画などを見せて、日本が戦争に負けたことを勝ち組に理解させようとしても受け入れない。それでコロニアを一つにさせようと日系クラブを作ったのだという。ブラジルにおいて勝ち組は、話も聞かず、読むこともせず、頑固だった。しかし、戦後、日本からの移民が来て負けたことがわかった。

ノブテルさんは非常に流暢な日本語を話す。戦前、リンス学園という日本語学校（中学）が残っていた。この学校はしかし、戦争で1945年に無くなった。戦争中は、ブラジルでも、日本語を話すのも読むのも禁止されていた。日本語の本なども持って歩けなかった。

ノブテルさんは、沖縄の方言は聞いていたけどおぼえていない。

奥さんのルジーアさんはやはり二世であるが、彼女の知り合いが、ルジーアさんを沖縄の人だと思わず、別の人を指して、差別したように、「あそこに沖縄の人がいるよ」と言ってきたのを体験したことがあったそうだ。それで、ルジーアさんは、沖縄の人はこういう見方をされているんだなと思ったのだそうである。ルジーアさんは、自分からは沖縄であることは言わなかったという。

1974年にノブテルさんはお母さんを連れて、ヨーロッパを回って沖縄を訪問している。まだ成田空港が出来ていなかった。

ウチナーンチュのワクにとどまらず、日系人、ブラジル人と広くつきあってきたマツダさん夫妻は、7、8年前、ウチナーンチュのたのもし会に入ることになった。ノブテルさんはそれまで、沖縄の人がそんなにいるとは思わず、そこで初めてクリチバにいるウチナーンチュのことを知った。そのときノブテルさんは、彼らは社会的に遅れていると感じたそうだ。社会的に狭いし、ナロー・マインドだ、と。

日系クラブから、沖縄の人も会員に入りなさいと言われるがなかなか入らない。日系クラブ全体の催し物は、春祭り、移民祭り、花祭りと年に3回ある。そういうときにも見られることだが、出し物に沖縄の太鼓があるというと沖縄の人たちは一番前に行って喜ぶが、終わると、他の催し物は見ないでどこかに行ってしまうのだそうである。そういう行動をみて、ノブテルさんは、日系クラブに世話なっているのにどうして集まって一緒に参加しようとしないのかと残念に思ったという。

沖縄の人が日系人会に入らなかった理由としては、言葉がわからない、あるいは日本語がうまく話せないこともあったとノブテルさんはいう。しかしそれだけではなく、やっぱり空気が違うということが大きいのではないかと私は思う。

たのもし会が盛り上がって、2006年クリチバに沖縄県人会が出来たとき、ノブテルさん自身はあまり沖縄の人のことを知らなかったこともあり、ウエズさんを会長に推薦したのだという。

ノブテルさんの話をきいていて強く感じたのは、若い頃から政治に関わってきた経歴を持っているのに似合わず、非常に穏やかでゆったりしているということである。われわれの質問の一つ一つにていねいに答えてくれて、何でも知っているのに、ひょうひょうとした感じで、軽やかでさわやかな印象だった。いくら話しても疲れを見せなかった。話の内容にも納得がいった。

ホテルまで送ってもらってから、ちょっとして、ウエズ会長の息子さんが車で迎えに来てくれて、今度はウエズさん宅に行った。家族が集まっていてにぎやかで、夕食を食べながら夜中過ぎの12時半まで話した。

ウエズさんは本の紹介などをしてくれた。ポルトガル語の文献ならいろいろあることが分かった。

15日(土曜日)は朝食後、9時にヤビクさんが車で迎えに来て、フェイラを見に行った。山城さんのやっているパステル屋は大繁盛だった。こんなに繁盛しているなら子どもたちがそろってあとを継ぐのも分かるような気がした。フェイラはヨーロッパでよく見かける感じのもので、実際、ここはヨーロッパなのかと勘違いしてしまうほどである。

ブラブラまわっているうちに、やがてマツオさん夫妻も来て、ヤビクさんも一緒にマツオさん宅に行く。マツオさん宅には養子の息子さんがいた。高校生だそうである。

マツオさん宅を見せてもらってから、息子さんは残し、五人で車で出て、まず植物園。それからシュハスコの店で食事する。大きなスーパーマーケット、展望台、オペラハウスとまわって、暗くなってからマツオさん宅に戻ってきた。私と娘はちょっと話してから午後8時頃マツオさん夫妻に送ってもらってホテルに帰った。

16日(日曜日)、昼前にマツオさんから電話があり、日系クラブで昼食しようと誘いがあり、車で迎えに来てくれた。日系クラブには運動場などがあり、スポーツをしたりしに多くの人が来ていた。われわれは食堂でバイキングを食べた。

食べ終わる頃、マツオさんが前会長のイシイジョージさん（二世）を連れてきてくれた。イシイさんは1時間足らずいろんな話しをしてくれて、日系人社会の中でのウチナーンチュの位置づけなどがよく分かった。興味深かった。これについても娘の記録があるのでそれをもとに概略を述べる。

イシイさんが会長を務めたのは1999年~2002年度の4年間である。会長はボランティアだから、誰もやりたがらない。だから、後任を見つけないといつまでもということになる。これまでの会長は、フイ・ハラさん↓ヒラマツさん↓イシイさん↓ヤマワキさんだそうである。

イシイさんは、トヨタグループの車のエアコンなどを扱っている会社で働いている。本社は名古屋の近くにあり、クリチバでは1500人が働いている。

沖縄県人会が出来てから、日系人会館の場所を借りられないかと話をしにきた。県人会の人たちは1カ月に1回会議をやっている。沖縄県人会で日系人会に入っている人は少ないが、一緒にやると良いとイシイさんは思っている。マツオマリアさんたちは以前から日系クラブにも入っている。

イシイさんは日系クラブの沿革を話してくれた。複雑でよく分からなかったが、とにかくいくつかの組織が合併して今の組織になったということは分かった。だいたいの流れとしては年寄りたちの友の会（その後ウベラバクラブ）の中に青年部ができ、1996年、フイ・ハラさんが会長の時に、年寄りたちが若い人たちにまかせるということで合併して日系クラブになったということらしい。

会費は80レアル。500家族ぐらいが払っている。足らないけど、時々ビンゴをやったり（半年に1回）、祭りなどで補充する。祭りは、春、花、移民祭りがあり、2008年は移民100周年との関係で10万人来たとのことである。文化協会の中に30の部があり、カラオケ、空手、ゲートボール、サッカー、野球（子どもが多い）、ソフトボール（子どもが多い）、バレーボール、卓球、剣道、テニスなどをしている。会員は1500家族。毎週来ているのは、500〜600人程度という。「日本語講座」（バスターミナル近く）の横に学生寮があり、現在58人（女性24人、男性34人）がいる。

クリチバはもとは日系人は少なかった。貧乏人は少なく、乞食はいない。これがいい。中の上か上の下か。日本人は40年前（1960年代）はバカにされた。戦争に負けたからである。今は日本人というと親切にされる。これも、親や祖父母がきちっと働いてくれたからだ。三世は日本語を話せない人が多い。これからやっていきたいことは、祭りなどで日本の文化関係を見せたいし、残したい。沖縄さんには太鼓などある。続けるだろうと思う。タミナトさんやウエズさん、それから私はまだ会っていなかったがオオシロヨシアキさんという実業家なども日系人会の理事である。

だいたい以上のような話だった。イシイさんはソフトで人当たりがいい感じで、押しつけがましいところがなかった。そして、ウチナーンチュの人たちが別に会を作ることに当惑しているようにも見えた。

日系クラブのあと、近くに住んでいるヤマシロゼンショウ（山城善正）さんを訪ねる。パステル屋の山城さんとおなじく、親はうるま出身だが、親戚ではないそうである。

ゼンショウさんは昭和4(1929)年生まれで、もう80歳を越していたが、二世である。1946年からクリチバに住んでいるというから60年以上になる。農業をやってきて、最初はサンパウロ州のアララカラで、城間善吉さんのお世話になったそうだ。ワタを作っていた。同じ出身の人がいるということでクリチバに来たが、クリチバは寒いのでワタは余り出来ないため、ほとんど野菜を作ってきたそうである。畑は馬でおこした。米、トウモロコシも自分たちで食べる分ぐらい作っていた。当時はクリチバは伊波村(沖縄の旧石川市・現在うるま市)の人が呼び寄せで多かった。視察に行ったり噂したりしてみんなが寄ってきた。15年ぐらい前に奥さんを亡くし、再婚はする気はないそうである。息子が2人いて、下の息子が離れに住んでいて、大学の先生だそうで、その息子さんも顔を出していた。下の息子さんは現在は結婚している。

ゼンショウさんの家には踊りができるような大広間があり、ここで県人会の人たちが練習をしているとのことだった。沖縄関係の日本語の本もたくさんあった。

沖縄県人はクリチバにも多いが、県人会には入らないという。たのもし講は、寄り合って話し合うためである。バラバラになったらいかん、と。50年前のことである。先輩たちが亡くなって、今二世、三世が協力している。当時は日本語も話さない人が多かった。沖縄のことは分からないけど、両親から学んだことを分かるだけ教えてあげたい、沖縄文化を残していかないとあとがない、とゼンショウさんは言う。

「どっちかと言えば、98歳まで生きられたら…100は多い。また24〜25歳に戻れないかねえ。

クリチバ、朝、夜は寒いね。日本の米と、ここの米は味違うね。サンタカタリーナに水田がある。ウルグアイは山が少なく、農業が盛ん。

１００周年の時、ビラカホンで、いろんなところから来た人と沖縄語で話した。昔の沖縄の人、日本人はずいぶん苦労したよ。子どもは病気。食べ物違う。フェイジョンだけ。みそ、醤油がない。朝から晩まで働いて。

少年の頃に日米戦が起こった。日本人は海岸にいてはいけないと言われ、着の身着のままで移動した」

ゼンショウさん宅からさらにウエズ会長宅に行く。『武士道』というポルトガル語の本をもらった。ウエズさんと、クリチバの沖縄県人会が今後どんな風になるであろうかといった話をした。ウエズさんは首里の王様の家系か何からしく、また、奥さんもしかるべき血筋の方なのであるらしい。

午後10時過ぎまでいてから、マッオさん宅に向かう。着いてからマリアさんがみそ汁など作り始める。その間にマツオさんがクリチバ沖縄県人会の忘年会のＤＶＤと、マッオさん夫妻が日本に行ったときのＤＶＤを見せてくれた。午後11時頃ご飯が出きて、養子の息子さんも一緒に食べる。しかし、息子さんはみそ汁は嫌いだそうで全然食べなかった。ご飯にふりかけみたいなものだけで、ネコみたい。

夜中過ぎの12時半頃まで話してからやっとホテルに戻ってきた。

17日（月曜日）、朝10時過ぎにマツダさん夫妻が車でホテルまで来てくれた。やがてヒガエリオさんの娘さんのプリシラさんも来た。娘は彼女にずいぶんお世話になった。一緒にホドビアリアに行くと正午発のバスがあり、切符を買う。ほとんど話す時間はなかったが、明るいうちにサンパウロに着いた方がいいと思ってこれに決めた。

出発直前に、ヤビクさんとパステル屋の山城さんも駆けつけてくれた。こんなにたくさんの人が見送りに来てくれるとは思わなかった。

バスは順調だったが、サンパウロに入ってからの渋滞が非常にひどく、結局着いたのは夜8時になってからだった。タクシーだと渋滞で時間がかかりそうなので、荷物がたくさんあったがメトロでリベルダージに行き、ホテル・アカサカにチェックインする。近くの軽食屋でフィガド（レバー）を食べてきてから早く寝た。

18日（火曜日）、沖縄県人会に行って事務局長の与那覇さんと話す。県人会でウエズさんおすすめの本も買った。夜は知念明先生夫妻と奥様の妹さんと一緒に食事をした。知念先生は10年ぐらい前に亡くなったお母さんのことを作品化しようとしていた。

19日（水曜日）、は午後、ホテルまで来てくれた田村さんとちょっと話してから、奥間さんの親戚の中川さんと一緒にメトロでジャバカラに行き、奥間さんを見舞った。

20日（木曜日）、10時半頃出て、地下鉄でカホン駅に行き、そこからタクシーでビラカホンの沖縄県人会館に行く。すでに知花眞勲夫妻、長女の山内夫妻が待っていた。車でまず山内さんの親戚がやっているレストランに行く。バイキングの昼食を食べながら話す。続いて、その前の、山内夫妻がやっているパステル屋でコーヒーを飲んでから、知花さんの自宅に行く。山内さん宅はその隣だった。

知花さん宅で夕方5時半まで話した。知花さんが中心になって編集した読谷県人のあゆみを記した記念誌をいただいたので、それを見せてもらいながら話した。

知花さんの家族は、最初マットグロッソ州奥地のカッペンという入植地で大変な苦労をした。来年で入植50年だそうである。知花さんは1928年10月20日生まれで、81歳。だから31歳の時に移民したということである。そのとき娘さんの山内さんは12歳だったそうだ。私と同じ1948年の7月生まれである。記念誌は、知花氏の個人的な体験も詳しく書かれていて興味深い内容である。

知花さんは字がうまいので、看板書きや賞状書き等を頼まれてやっている。また、野村流の師範でもある。われわれがいる間に、日系人女性とブラジル人の若い夫婦が蛇皮の三線修理を依頼しに来た。娘が要望すると三線をきかせてくれた。同居しているお孫さんも一緒に演奏してくれた。

最後の方で、神様の話しになった。山内さんは神のお告げを聞いて神女になったのだそうだ。沖縄は元々神のたくさんいた島だそうで、沖縄に行くと巡礼するのだという。1980年頃から2

年に1回沖縄に行っている。神様との約束だそうである。その神様観を聞くと、天照大神が出てきて、古事記か日本書紀みたいである。黒、白、黄の神様が混在しているのだそうだ。黒の神様がアパレシーダだそうで、サルバドルでその教会に行ったことがある。読谷村の文化を継承していくことについては、三世になると難しいと知花氏は言うが、山内さんはちゃんと教育すれば継承できる、と。

日が暮れてからバスでカホン駅に戻り、ホテルに帰った。

21日（金曜日）の朝、小原さんがホテルまで迎えに来てくれて、東山農産加工社の方2人も一緒に車でカンピーナスに向かった。いったん会社に着いてから、ジャガリウナの小原さん宅に行った。夕方会社の飲み会に出て、戻ってきてから小原さん宅で夕食を食べた。

22日（土曜日）は朝10時半頃出て、小原さんが直接ギノザ（宜野座）さん宅に連れていってくれた。小原さんは、後述するようにシャカラ（別荘）売買の用事があるとのことでそのまま帰った。

ギノザさんは元裁判官の弁護士で、クリチバのマツオマリアさんの親戚である。娘の記録によって述べる。

ギノザさんは、昭和10（1935）年生まれで、この時かぞえ75歳。二世である。家族は昭和9（1934）年にブラジルに移民で来た。1934年というのは、移民がもっとも多かった年だそうである。

家族は最初はマリリアに入植した。当時は日系人が約６０００家族もいた。その後2カ所移動してから、１９５７年にカンピーナスに移った。当時は日系人が約３００家族住んでいたが、沖縄からは宜野座《ぎのざ》村、今帰仁村出身が多く、金武《きん》出身はギノザさん家族を含め2家族だけだった。

戦後、勝ち組・負け組間の抗争事件があった。ギノザさんの両親は戦後5年間勝ち組派だったようだが、手紙を送ってみたら沖縄から返事があり、負けたのだと分かったという。

日本が勝っていることを信じて、金武に帰って行った人がいて、その人は沖縄で基地の中に米国人がいるのを見て、それを捕虜だと思って、やっぱり日本が勝っていると勘違いした、という話をしてくれた。

ドイツから来たユダヤ人が、戦争は日本が勝つと思って、円・マルクを買い上げた。そしてみんなアルゼンチンに逃げた。また、日本人は南洋の土地も買えると宣伝し、その話に乗って買った人もいたというような話もきいた。

ギノザさんの家では、言葉は方言だったという。日本語は独学で習った。戦後日本から移民が次々にきて、彼らはほとんどみんな日本語だった。

カンピーナスの中では、ウチナーンチュは10％ぐらいを占めていて、沖縄青年会も出来たので、ギノザさんも入会した。活動は、カラオケ、踊り、舞踊、柔道、フットボール等々である。

この他に、金武町人会はよく集まっている。ギノザさんは1年に2回出ている。金武まつり（サンマテウスの日）と新年会である。米寿やカジマヤー（97歳）のお祝いとかもある。出身部落のまとまりは強固で、うるく（小禄）村は他の町の人とは付き合わないといわれるぐらい団結が固いという。そういうのを見て、ギノザさんは、「沖縄の人はみんな島国根性だ」と。島国というときの国は、字・部落ぐらいの小さな単位であろう。

現在沖縄への3カ月間の研修制度などがあって、三世、四世が沖縄に関心を持つようになっているという。たまたま、サンパウロに住んでいる次女の娘さんが週末で来ていたが、彼女も2005年に沖縄研修をしてきたそうである。

ギノザさんは1986年、1998年、2006年に家族と沖縄を訪問してきた。98年に行ったときは、広島、京都、東京もまわった。2006年はウチナーンチュ大会で行って、沖縄の帰りに中国まで行って、上海、四川、北京、万里の長城をまわった。

ギノザさんは、職業柄か表情が動かず、ポーカーフェイスだったが、話をきいてみると関心の持ち方が生き生きとしていて、面白い人だと私は思った。1988年に裁判官を定年でやめてから、旅行をしてきているという。ヨーロッパに2回行ったほか、エジプト、ハワイ、チリ、パナマ運河。定年後こういうふうに旅行を楽しんでいる人はブラジルではよく見かける。ギノザさんはまた、1990年にはカンピーナスの沖縄県人会長を1年間やったりして、そういった方面での活動も活発にしているようで、典型的な成功者タイプと言えよう。

ギノザさんの家は高級住宅地にあった。そこに行く途中、いわゆるゲーティッドコミュニティがあった。ギノザさん宅も、防犯カメラなどがついていて、警備は万全のようで、裏庭には、巨大でどう猛な犬がいた。

訪問したときにギノザさんの奥さんもいたのだが、料理を出すとすぐに奥に引っ込んで話には加わらなかった。出してくれた料理は沖縄風で、おいしかった。

このあと、ギノザさんの娘さんのクリスチーナさんがカンピーナスの沖縄県人会館に連れて行ってくれた。

金城節子さんといって、クリチバにも教えてに行っていた踊りの先生がちょうどいて、若い人たちに教えていた。その様子をビデオに撮ってから、ちょっとだけ話をきいた。

金城さんは70歳ぐらいで、一世である。クリチバは、旅費とかいろいろと経費がかかって高いので、ビデオを撮って、それをみて練習するようになったりしているそうだ。

クリスチーナさんにジャガリウナに行くバス停まで連れて行ってもらい、われわれは乗り合いバスで小原さん宅に戻った。

夜は、東山の従業員の方たちも小原さんの自宅に集まってシュハスコのパーティがあった。

23日(日曜日)、午前中は小原さんの家族と買ったばかりのシャカラ(別荘)を見に行った。小原さんの家から車で10分ぐらいで近い。小さめだがサッカー場もある。しかし、小原さんはサッカーには興味はないみたいで、畑にしたいみたいなことを言っていた。ブラジルではシャカラがブームで、小原さんが購入したシャカラの周辺もシャカラがいくつかあった。

夕方、ジャガリウナから直行のバスでサンパウロに戻った。サンパウロのホドビアリアでお土産を買ってから、リベルダージのホテル・アカサカに戻る。

24日(月曜日)、午前中沖縄県人会に行く。事務局長の与那覇さんに約束していたので、持ってきていた沖縄関係の新書2冊を寄贈した。当時副会長だったヨナミネシンジ(与那嶺真次)氏がいて、昼過ぎまでいろいろ話してくれた。

ホテル横のキロの店で食べてからホテルに戻る。夕方、知念先生が来て、空港バスターミナルまで送ってもらい、そこからタクシーで空港に行く。ユナイテッド航空便にチェックイン。座席が指定されていなくて、決まったのは結局一番最後になってからで、娘とはバラバラになった。娘は、指定された席にもう人が座っていて、それで、ビジネスクラスになった。私は一番後ろの方の真ん中の席だったが、よく眠れて問題はなかった。

25日(火曜日)、ワシントンに到着後、乗り継いで成田に向かう。座席はエコノミー・プラスといってスペースに余裕があって楽だった。26日(水曜日)、午後3時頃成田に着いた。

第4章　2010年クリチバの旅

左から著者、娘、マツダノブテル・ルジーアさん夫妻、FAS 活動メンバー
（クリチバにて 2010 年 12 月 20 日 FAS 活動メンバーの夫撮影）

クリチバの街並み

高層ビルが建築可能な路線は都心から5本に限られ、その路線に沿って急行バスが走っている。その結果都心部にも住宅街や公園がある。(2013 年9月 10 日　組原慎子撮影)

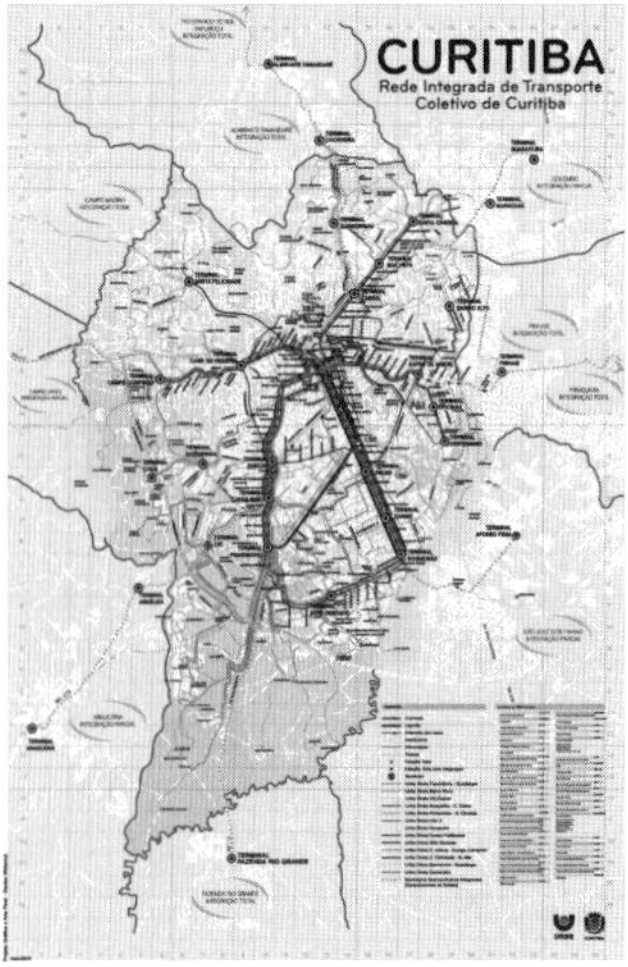

クリチバ バスマップ

（クリチバ都市公社（URBS）ポータルサイトより）

12月18日、那覇空港で、那覇－成田－ニューヨークの発券をしてもらい、10：50発のＪＴＡで那覇から成田の第2ターミナルに着いた。アメリカン航空のカウンターで、ニューヨーク－サンパウロの発券をしてもらう。また、アメリカン航空の分について、那覇空港ではＪＡＬのマイルはためられないということだったのに、成田空港できいたらＯＫだそうで、調べてもらったらすでに記録されていた。

19：20発ＡＡ168便でニューヨークに向かう。経路は東北・北海道を北上してからアラスカ経由だった。東洋系の顔の乗客も多かったが、パスポートは日本よりは韓国がずっと多かった。機内で「はなみずき」という日本映画を見た。英語の字幕が出たので、筋はだいたいつかめた。その後は寝た。出発直前まで仕事で埋まっていたので、いくらでも眠れる感じだった。機内で手荷物にひげそりが入っていないことに気がついた。

定刻の18：20（日本時間では8時20分だから14時間遅れ）よりちょっと早くニューヨークについた。米国入国手続き、税関とも問題なく終わり、荷物はリチェックのところに置いてから、また中に入って、ひげそりを買ってひげを剃った。インターネットカフェはないようなので、空港内にあるコンセントを使ってパソコン打ち込みをした。

21：20ニューヨーク発ＡＡ951便でサンパウロに向かう。ブラジル人が大部分のようだったが、白人がほとんどだった。座席灯をつけて本を読んでいる人が全然いないのは、これはラテン系の感じなんですかね。

19日（日曜日）の朝10時半頃にサンパウロに着いた。入国手続きが終わってから、午後1時40分発のクリチバ行きのタム航空便にチェックインするために、タム航空国内線のチェックインカウンターに並んだ。長い列ができていて、相当時間がかかった。

手続きが終わって、インターネットカフェから娘にサンパウロに到着したことを連絡し、その後、隣の店で野菜炒め丼と味噌汁を食べた。味噌汁が最初に出て、しょっぱかった。野菜炒め丼の方も醤油の汁を飲んでいるような感じで閉口した。サンパウロのリベルダージの日系人街で食べる日本食はおいしいのだが、空港の日本食レストランがこんなにまずいとは思わなかった。

クリチバ行きの便は、乗る直前になってゲートが変更になった。アナウンスだけで、変更の文字表示はなかった。国内線はだいたいこんな感じだ。乗客の方で乗り遅れないように注意するしかない。他の乗客について行っていれば大丈夫だ。

クリチバの空港には、娘と、マツダノブテル・ルジーアさん夫妻が迎えに来てくれていた。気温が33度だそうで、非常に暑く感じたのだが、湿気がないので、暑いというよりは熱いという感じだった。娘は何日か前からマツダさん宅に泊めてもらっていて、そこに私も一緒に泊めてもらうことに話ができていた。前年9月は、娘も私も全部ホテル泊まりだった。今回は、娘はこのように知人宅をはしごして泊まって、ホテルにはまだ1回も泊まっていなかった。それで全然疲れた様子もなくぴんぴんしているのである。女だということもあるかもしれないが、やっぱり天性のものでしょうね。私はそのおこぼれをいただいた感じだ。

マツダノブテルさんは、もう80に手が届いたそうだ。大学時代にパラナ連邦大学で学生運動のリーダーになって、15年間かけて卒業した闘士で、日系人初のクリチバ市議会議員になった。お父さんは屋我地出身の二世であるが、沖縄県系人という意識は最近まであまりなく、沖縄県系人とのつきあいもそんなになかったことから、２００６年にクリチバ沖縄県人会ができたときも会長になるのを辞退した。

夕方、沖縄県人会長をしているマツオマリアさん夫妻が来て、純心学園というところで開かれたカトリックのクリスマス会に連れて行ってくれた。マリアさんの夫は長崎県系人である。神父さんはプロジェクターでコンピュータの画面を映し出して説教した。幼い子の洗礼と結婚25周年の夫婦の祝福とがあわせてあった。その後、持ち寄りの食事会があって、盛大だった。

マツダさん宅に戻ってから、マツダさん夫妻と1時過ぎまで話して、最近の沖縄県人会の様子をきいた。この年、前のウエズジョージ会長が辞任し、マリアさんが後任会長に選ばれたのだが、マリアさんは日系人会との接触が疎遠で、そのため日系人会の関係者が引いてしまうということが起こっているのだそうだ。前年日系人会に行ったときにきいた話でも、沖縄県人会に入っていても日系人会には入っていない人が結構いて、日系人会サイドとしては、沖縄県系人にも入ってもらいたいということだった。前の会長のウエズ氏は、日系人会にもマメに顔を出していたが、マリアさんはそうでないと、マツダさんは心配そうだった。

そもそもなぜウエズ氏が辞任したのか、よく分からない。前年会ったときは、眼科医で仕事が忙しいにもかかわらず県人会の活動も精力的にやっていた。

話をきいていたら、マツダさんの考えはよく分かった。クリチバに日系人は多数いて、それを母体にして市議会議員も選出できるほどである。その中で沖縄県系人は、県別の比較では少なくはないが、日系人全体の中ではそんなに大きな割合を占めているわけではない。こういう状況なので、沖縄県人会も日系人会と仲良くやっていったらいいじゃないかというのがマツダさんの立場だ。

そして、クリチバに沖縄県人会が出来た直接のきっかけは、サンパウロの沖縄県人会とつながっていれば、沖縄への留学生派遣などさまざまなメリットがあるからのようだが、サンパウロの県人会に会費を納めてもクリチバの人たちには意味はないので、そういう関係はやめて、関係の見直しをするべきだというのである。

この話をきいて、なんだか日本の国と地方の関係の話のような錯覚をおぼえた。実際、現在はクリチバ沖縄県人はサンパウロの沖縄県人会の支部ということになっている。それを面白く思わない人がクリチバには結構いるのだろう。

20日(月曜日)、朝までぐっすり眠れた。朝食後、ノブテルさんの運転でパラナ連邦大学に行って、サトミ・オオイシ・東先生、および、途中から Luis Gardenal 先生から同大学の日本語コースの現状についてきいた。

パラナ連邦大学に日本語コースが出来たのは２００９年だそうで新しい。これから3年目になるところである。学んでいるのはすでに仕事に就いている社会人が多く、仕事の必要から日本語を学ぶ人が多い。日本語のレベルはさまざまで、でもクラスとしては一つなので、何をやるかは苦労するらしい。Gardenal先生は、イタリア系の方で、日系の血は全然混じっていないそうで、しかし、日本語はさすがにちゃんとしたもので、日本にも来たことがあり、那覇の公設市場にも行ったそうだった。何もおみやげを持って行かなかったので、村上春樹の『東京奇譚集』を持ってきているので、帰るときにそれを置いていきましょうと言ったら、Gardenal先生が最近出たという村上春樹の翻訳本を見せてくれた。小説ではなくエッセー集だった。

マツダさん宅に戻って昼食後、マツダさん夫妻と娘の四人で、まず、ルジーアさんと一緒にジムで運動をやっている女性宅に行った。女性の夫が家の中を案内してくれたのだが、家中がサンタでいっぱいだった。毎年、この時期にしまってあるサンタを出して飾るのだそうだ。それを見せてもらってから、やはり一緒に運動をしているもう一人の女性の車についていく形で、ファベーラに行った。舗装していない道をずーっと奥に入っていった場所で、そこにある、クリチバ市長直属の社会福祉財団（FAS）が関係している施設に行った。

赤いサンタの服を着た女性たち2人が、子どもたちと一緒にクリスマスのダンスをした。この間、私も子どもたちに囲まれて、子どもたちの名前をカタカナで書かされた。それで、メモ帳の紙に書いてはちぎりとられたので、紙がだいぶんなくなった。

それから食事。ダバオの貧困集落で、紙芝居をやってその後おかゆなどを配ったときのことをしきりに思い出した。ここは子どもたちだけでなく、お母さんも一緒に来ている子が多く、ダバオの時と比べるとまだ小さい子が多いのである。兄弟だというのに肌の色やカオカタチが全然違う子どもたちもいて、つまり、子どもたちの父親がみんな違うのだということだった。

最後にお待ちかねのクリスマスプレゼント配布になった。男の子がサンタさんから車をもらい、「カーホ（車）」と叫んで興奮して、鼻血が出て止まらなくなったのには驚いた。

夕方帰ってきて、まず洗濯をした。その後私は時差ボケで6時半頃まで寝た。娘に起こされたらすぐにマツオさん夫妻が迎えに来て、日系人会に行った。

日系人会全体のクリスマス会はもう終わっていて、この夜は職員たちのクリスマス会と慰労会のようで、日系人会の理事たちがそろっていた。われわれを誘ってくれた石井ジョージ会長は、前年8月に会ったときは前会長だったのだが、山脇ジョージ会長が市議会議員に当選したため、またやることになったのだそうである。山脇氏と話すと、日系人会に若い人たちが参加しなくなってきているそうで、そういう人たちをどう育成していくかが課題だ、と。理事たちの挨拶もポルトガル語だし、従来のタイプのような日系人会ではそれも難しいだろう。河村敏和元会長とも話したが、同氏はお父さんがドミニカ移民で苦労して、結局クリチバに移ってきたそうである。なかなかソフトでいい感じだなと思ったら、生長の家だそうである。それで、やっぱりな、という感じがした。

21日（火曜日）、やっぱり時差ボケが出て、2時半に目がさめて5時までパソコン打ち込み等をした。その後、NHKをみているうちにちょっと寝た。

7時半頃お手伝いさんが来た。週1回、掃除や洗濯等をお願いしているそうである。ちょうど移動しようと考えていたところなので、タイムリーだと思った。

マツダさん宅のパソコンだと、送られてきたメールを読むことはできるが、こちらから日本語で送ることはできない。今回一太郎インストール用CDを持ってきたので、マツダさんのパソコンにインストールしてみようとしたが、うまくできなかった。インストール画面がそもそも読めないのである。勤務している大学と連絡を取る必要上、WiFiの使えるハラパレスホテルにこの日の夜移ることにし、ルジーアさんの了解を得た。ノブテルさんが、できればまだいてほしいということなので、マツダさん宅のインターネット回線をわれわれのノートパソコンに直接つないでみたが、パスワードがないとダメだった。

8時半から1時間、ルジーアさんはエスマウチ（爪のお化粧）に行き、その間にわれわれは荷物を整理してまとめた。

ルジーアさんが戻ってから、クリチバの隣のコロンボに、アロエの商品を製造販売しているオーシロヨシアキさんを訪ねていったが、どこかに行っているということで待っている間、奥さんのオーガ・ハルミ・オオシロさんと雑談していた。オーガさんの父は大阪、母は熊本だそうだ。

この日の朝みたNHKでたまたま日本からブラジルに里帰りしたデカセギの人を追った番組をやっていて、クリスマスから年末にかけての移動は大混雑で、乗り物の予約を取ることも困難だと分かったので、クリチバからサンパウロまでのチケットを早く買ってしまいたかった。その件を出すと、オオシロさんが利用している旅行会社に電話してくれて、31日夕方サンパウロのガルーリョス空港着のゴル便が買えてしまった。決済は、クレジットカードはVISAが使えなくて、現金支払いになった。200レアルほど（2分の1にして、100倍するとだいたい円の相当額になるので、1万円ほど）で、クリチバに来たときのタム便とほぼ同じ値段である。すぐに振り込みをしてくれて、eチケットが送られてきた。

これで、私の今後の動き方は決まった。娘は年末・年始はクリチバにいて、私も、サンパウロ周辺は今回パスして、クリチバから日本にトンボ返りすることにした。年末・年始はクリチバの皆さんも動く人が多く、われわれも小原さんのところに行ってみようかという話をしていた。しかし、こちらに着いてからの娘の調査状況をきくと、もうちょっとクリチバ周辺にいて、会いたい人にも会ってから動くのがよかろうということになった。

事務所に飾ってある孫の写真を見ているとき、オーガさんの説明では、3人の息子が経営学、法学、化学をそれぞれ勉強して、みんな一緒に仕事をしているという話だった。オーガさんの話をきいているうちにオオシロさんが来た。私は初対面だったが、娘は前年も会って、オオシロさんの話をまとめていた。オオシロさんは1942年生まれで、パラナ日伯商工会議所の副会頭をしている。パラナ州全体のエバンジェリコの教会のまとめ役でもあるという。沖縄県系人と結婚していたが考え方が合わなくて離婚し、オーガさんは後妻である。だから、両方の子どもがいる。

まずオオシロさん夫妻と一緒に、事務所の奥の部屋でお弁当を食べた。その間、オオシロさんはずっとしゃべりっぱなしで、とにかくよくしゃべる人だった。

雇い主としての経験からか、黒人はいつも約束を破ってしまうから難しく、好きでないとか、世界は油断できず、大企業がつぶれていっているとかの話が次々に出て、脈絡がつかみにくかった。その中で、中国は動きが速いということをしきりに言っていた。ブラジルには中国から車が入り始めているそうで、ホンダは困るであろう、と。オーガさんのお姉さんがカンピーナスでホンダの販売をしているのだそうだ。

アロエは200種類あるそうだが、アロエベラは1種類だそうで、ベラというのは本物という意味だと初めて知った。

家族経営のようなので、息子の代から孫の代になったらどういう風になるんですかと、食後きいてみた。返事は、ブラジルでは孫の代まで会社は続かない、とのことだった。持ち株会社をつくり、会社はバラバラにして自分たち個人で経験をつくりなさいと言っているそうだ。同族経営風に広がっていくという考えかと思ったので、予想とはちょっと違う答えだった。オオシロさんは沖縄に行ってみて、自分がウチナーンチュだということを痛感したというのだが、話をきいているとそんな感じはしなかった。

食後、オオシロさんが持っているシャカラ（別荘）を見に行くことになった。最初はマツダさんたちは先に帰るとのことだったのに、ルジーアさんが見にいきたいと言い、ノブテルさんも渋々ついてくる形になって、オオシロさんの車に乗って5人で行った。シャカラの入り口には「AIZENN」という名前がついていたが、これは、「自然の愛」の「愛」と「然」だそうである。

相当大きな自然公園風のところにセミナーハウスのような建物やホテルのような建物などが建っていて、大部分は現在使っていないようだったが、一部で親戚が生活しているようだった。沖縄の桜が396本植えてあり、さらに600本植える準備をしていて、苗が並んでいた。オオシロさんのお父さんは本部出身で、パラナ州北部のマリンガに住んでいたが、94歳になって死に際に、一人で死ぬのは寂しいだろうとオオシロさんがここに連れてきて、翌日亡くなったそうだ。つまり、ここはお父さんの亡くなった場所なのである。

この中の一角にオオシロさん夫妻も住んでいるようで、寝室の隣にトイレやシャワーが二つ並んでいるのには仰天した。待っている時間がないから並んで使用するということなのだが、ちょっと変わったセンスだなと思った。

そこで話していたらオオシロさんの娘が孫たちを連れてきて、孫たちはプールで泳いでいた。娘さんは獣医だそうである。彼女の肩が凝っている様子で、オオシロさんにもんでもらっていた。

4時頃アロエの工場に戻ってきて、それから近くの、やはりオオシロさんの経営しているベッド工場に行って、そこで、アイマスク型の前額マスク等をもらった。目に当てないで額に当てた方が気持ちが落ちつくそうだ。ニューヨークからサンパウロまでの機内にアイマスクを忘れたのでアイマスクとして使おうと思った。

夜は、マツダさん夫妻と、中場レストランに行った。場所が移転して、非常に大きな店に変わって、繁盛している様子だった。バイキングを食べてからハラパレスに送ってもらう。やっとＷｉＦｉがつながった。

22日（水曜日）、6時半頃までぐっすり眠れた。午前中予定がなくて、クリチバについてから初めてゆったり過ごした。

娘のパソコンはなかなかＷｉＦｉが設定できなかったのだが、ハラパレスに日本語ができる従業員のおじさんがいて、設定してくれたそうである。私も娘と一緒に2階のロビーで作業していたらこのおじさんが来て、近くの食堂の場所を教えてくれた。

そのおじさんはここで働き出して1年ほどだそうだが、その前は豊橋にデカセギで行って、弁当屋で働いていたのだそうである。わざわざ弁当屋で働くためにブラジルから日本にデカセギするのかとビックリしてしまうが、弁当屋で働いているブラジル人は多いそうである。彼は、これまで3度ぐらい日本にデカセギしたらしい。日本が不況なので、少なくとも当分はブラジルのようである。

昼過ぎに、おじさんから教えてもらって、ホテルの横の通りにあるバイキング形式の食堂に行った。中華料理風のものやブラジル式の料理が混じっていて、1人7レアル（350円ぐらい）。おいしかった。

ホテルに戻ったら眠くなって、昼寝をした。3時半頃、ルジーアさんから電話で、クリチバに住んでいるターニアの妹のタマラに電話したら、2時頃仕事から戻ってきて寝ているとのことで、この日はタマラを訪ねていかないことになった。タマラたちはバイアでできたマモン（パパイア）をクリチバの市場で販売する仕事をしている。

予定がなくなったのでまた寝て、夕方散歩に出た。人通りは少ないが、バスはやはりひんぱんに走っていて、客も結構乗っていた。車も多いが、バスも負けずにがんばっている。

疲れない程度歩いてから、昼前に教えてもらった日本レストラン・都に行った。ずいぶん昔風の店だった。大きなテレビが置いてあって、NHKが映っていたので娘と並んで座って、それをみながら食べた。

このときは23日朝のニュースをやっていて、野田知祐さんのやっている自然教室が特集で映っていた。受験勉強でヒマが全然ない子どもたちに自由に自然体験させるという趣旨だが、感想をきくレポーターの質問に答える子どもたちの受け答えが、出来過ぎというか、物わかりがよすぎるというか、ちょっとしらけてしまった。そのあと、天皇誕生日で、天皇・皇后が映っていた。

メニューにお二人様というのがあったので、それにしたら、立派な握り寿司がたくさん出てきた後、エビやシイタケなどの鉄板焼きにおひつ付きご飯、味噌汁がさらに出てきて、食べきれなくて包んでもらった。店の主は奄美から11歳の時にサンパウロに来た人だった。

23日（木曜日）、は朝3時半頃目がさめたが、5時半頃まで横になっていた。なにしろ前日1日中寝ていた感じなので、疲れは抜けたのではないか。

8時半頃ホテルの受付に行って、チェックアウトと、マリンガから帰ってからの予約をした。私は31日までハラパレスにいるので、年賀状をメールで送ってから出発できるかもしれない。娘は、年始はここにいる予定のようだ。1月末にクリチバ沖縄県人会の人たちが新年会でたくさん集まるのをみてから帰国したいそうである。娘はブラジル慣れしてしまったのか、1カ月あまりの滞在もあまり長くは感じていない様子だ。

9時にマツオさん夫妻が迎えに来て、マリンガに向かった。途中、1時間ぐらい走ったところにあるVILA VELHAというパラナ州立公園で、奇形の岩石群をみた。まずガイダンスのビデオをみてからバスで岩の近くまでいって、あと、奇岩をみながら歩くのだが、岩の形がさまざまな動物などに似ているといっても、それで面白いとも思えない。途中で飽きてしまったので、園内バスでセンターまで戻った。

マリンガまでの途中、非常に強い雨が断続的に降り続いた。昼過ぎに途中の町でバイキングの昼食。だんだんと緑が濃くなり、植物も大きくなって、立派な農園風景が続いた。コーヒー、大豆、小麦、野菜等の大きな畑が次々に出てきて壮観である。たいしたものだ。マリアさんが、ブラジルは自然はいいけど人に問題があり、ブラジルが日本人だったらうまくいったのではないかというのだが、日本式のやり方というのは人が集まって狭いところに密集している社会でのパターンなので、ブラジルではそんなにうまくはいかないだろうと答えたところ、マツオさんは私の意見に賛成だそうである。

マリンガの手前の町で、マリアさんの甥っ子がやっているぶどう園を見に行った。私は全然知らなかったが、マリンガといえばブドウといわれるぐらい有名なんだそうだ。カボチャも植えてあった。甥っ子は留守だったが若い使用人夫婦がいて、ブドウとカボチャを箱に詰めてくれた。カボチャは緑のと赤いのが混ぜて植えてあった。どちらか一種類だとできが悪いのだそうである。ブドウも緑のと赤いのがあった。

畑のあるところまで車で入ってきたので、車は下部が赤く汚れてしまった。それで、洗車してもらえるスタンドを探したが、洗車場がないところが多いし、あってももうおしまいと言われて、この日はそれっきりになった。

それからマリンガの町に入った。マツオさん夫妻はふたりともこの周辺で育ったそうだが、中心部の道がずいぶん変わって分からなくなっていると言って、かなりあちこち走った。マツオさんが予約してくれたホテルに着いたのが7時半だった。クリチバから432キロだそうだ。ブラジルの地図をみてのイメージでもっと近いと思っていた。これだと動くだけで大変だ。ずいぶん大きな国なんだなと改めて思った。

マツオさんが決めてくれたホテルからは、町のシンボルになっている124mのカテドラルがすぐのところに見えた。しかし、並ぶようにして、巨大なマックの看板があるのはまったくいただけない。ホテル代は1日160レアル（8000円）で、われわれとしては高かったが、WiFiのインターネットが使えるし、NHKも映り、申し分ない。

マツオさん夫妻はマリアさんのお姉さん宅に泊まるそうで、いったん別れてから夜8時半頃迎えに来てくれて、一緒にピザを食べに行った。それから、もう10時過ぎになっていたが、マリアさんの長兄宅を訪ねた。

長兄は弁護士だそうである。73か74歳ぐらい。見たところ三世代家族のようで、たくさん住んでいて、日系ではない婿も混じっていて、最初は誰が誰だか全然分からなかった。仏壇を拝んでから、アルバムの写真を見ながらの話になって、さらに私が撮影した沖縄の金武に住んでいる親戚を映したDVDもみた。家族関係が把握できなくて頭が混乱した。マリアさんの長兄は以前もウチナーンチュ大会などで沖縄に来たことがあるが、2012年にまた行きたいということだった。

長兄さんは電話帳を持ってきて、われわれが訪問したらいいと思われる人を考えてくれて、12時も過ぎたのに電話しようとしたので、みんな爆笑してしまった。


24日(金曜日)、朝10時頃、マリアさんの長兄さん宅に行って、その近くに住んでいる上原綱正さんに来てもらって話をきいた。もうじき80歳になるというが、まったくそんな風には見えない。

上原さんは、1936年に5、6歳の時にブラジルに来た。12月28日にサントスに着いたという。出身は那覇市の小禄。昔は小禄は那覇とは別の村だった。子どもは4人。長男は牧場。次男は2000年に沖縄に行ったときに沖縄に残って兄の養子になった。だから、今は那覇市に住んでいる。兄に子どもが出来なかったので周囲が心配してこういうことになったのだそうである。沖縄にいると、跡継ぎづくりのための身内での養子の話は時々きく。あとは娘2人。

ブラジルに来て、最初の8カ月間、ヘベロンプレットの農場で雇われてカフェをつくった。その後3年間、アウバレスマシャードで綿の農場で働いたあと、プレジデンテ・プルデンテで30エーカーの土地を買った。主に綿、ハッカをつくった。その後50エーカー新たに購入した。1953年パラーに移動して、カフェー農園を経営。1958年二世と結婚。1977年南マットグロッソで牧場を経営。1990年にマリンガに住み始めた。マリンガに住んでいるのは、町で便利だからとのことだ。

ここの日系人会をアセーマ（ACEMA）と言っているが、設備はおそらくブラジル一だろうという。マリンガは沖縄県系人は30家族前後で多くない。だから沖縄県人だけで何かやるということはできない。

一世だと、名前をきけば沖縄県人かどうか分かるが、二世だと分からないという。そうだろうなと思う。上原さんは、沖縄には2回行った。1976年がブラジルに来て40周年で、そのとき行ったのと、2回目は上記の通り2000年に行った。もう1回兄貴が生きてるうちに行きたいという。お兄さんは耳がきこえないそうだが、ブラジルには8回ぐらい来たそうだ。電話きこえないから、兄弟だからせめて会いに、と。すごいなあと思った。

上原さん自身は目がよくないそうで、何でも医者にいじられて、涙腺がどうかなったのではないかという。ガラス窓に雨水がしたたるような感じで見えるのだそうだ。

続いて、写真屋をやっている植田憲司さんに会いに行った。84歳。この人もとてもこんな年齢には見えず、若々しい。若さを保つ秘訣は働き続けることだという。

植田さんは1933年、6歳の時に家族と福島からブラジルに来た。27歳の時から3人兄弟で写真をやっている。長野のエプソンの会社で働いていたことがあるそうだ。絵はがきなどもつくって売っていたが、非常に上手で、都会風のセンスだった。

今の天皇が皇太子だった1978年に、夫妻でマリンガも訪問したが、そのとき植田さんはアセーマ副会長だったそうだ。アセーマは非宗教・非政治である。1947年にマリンガ日本人会が出来たとき、これだけではいけないから、文化と体育を入れようと。非日系も必要に応じて入れるそうである。今は、年寄りだと邪魔者扱いされているという。

バイキングを食べてから、マリアさんの4番目のお兄さんのお店に行った。文房具類等の大きな店だった。以前は兄弟で一緒にやっていたそうで、もっと大きかったそうである。

そのあと、アセーマに連れて行ってもらった。野外の大きな50mプールがある。野球場もある。体育館でひとりでカラオケ練習していたのは玉城さんという二世の沖縄県系人だった。歌っていたのは昔の日本の流行歌だ。

カテドラルに行って、上から町を見てみようとしたが、この日は階段はのぼれなかった。暑いので、その前の公園でココナツジュースを飲んだ。とにかく眠い。ホテルに戻って、私は3時間寝た。

夜8時半頃、マリアさん夫妻が迎えに来て、シャカラ（別荘）に行く。別荘といっても、町中にあり、車で15分ぐらいで行ける。入り口にはCHACARA GUINOZAと書かれていた。宜野座というのがマリアさんの旧姓である。シャカラは敷地が広く、建物も大きく、奥の方には管理人の住んでいる建物も別に建っていた。

このシャカラは、マリアさんのお父さんが亡くなったあと、お母さんが10年前に亡くなったときに、きょうだいみんなで買って、みんなが集まる場所として使ってきたという。

われわれが着いたときにはもうたくさんの人が来ていた。全部で60人ぐらい集まるということだった。

着いてしばらくして、マリアさんの4番目のお兄さんが司会する形でクリスマスイブのパーティが始まった。マリアさんの長兄が短い挨拶をして、それからわれわれも紹介された。娘もなにやら挨拶した。

あとは、持ち寄りの食べ物をみんなで食べた。日本料理とブラジル料理のチャンポンであるが、刺身が最初になくなった。マリンガは内陸だから、解凍したのだと思うが、非常においしかった。

それから、やっぱり皆さん肉をたくさん食べるという点が日本とは非常に違う。女性でも、ものすごい量の肉を食べている。3種類ぐらいの肉を焼いていて、どれもおいしかった。

料理を食べ終わってからデザートになった。果物とババロア風のお菓子。われわれのところに、マリアさんの上のお姉さんがお餅を持ってきてくれた。沖縄式に作ったお餅なんだそうである。これもおいしかった。上のお姉さんはロンドリーナに住んでいて、夫のトウヤマさんと一緒に来ていた。トウヤマさんは、娘の研究テーマに興味を持った様子で、カナダの沖縄県人会をみたらいいよ、という話をしていた。

12時になるとともに、みんなでクリスマスの歌を歌ってハグし合った。ちょうど日本の年明けの感じで、気持ちがこもっていた。

それからサンタがやってきて、舞台で子どもたちに順にプレゼントを渡していった。渡す前にサンタは子どもを1人ずつ隣のいすに座らせて、話しかけるのである。子どもたちは茶目っ気たっぷりで、サンタのズボンを引きずりおろそうとしたりみんな大騒ぎだった。最後の方で、自分の子どもが怖がるので、サンタがサンタのお面を取って、お父さんだよ、と言ったのにはみんな爆笑だった。

サンタはマリアさんの長兄の娘の婿で、日系人ではない。翌日、本人からきいたところではウクライナ系のユダヤ人だそうで、仕事は弁護士だそうだった。別にはずされているというのではないが、食べているときも一人でぽつんと座っていて、でもまあ、マイペースで、こんなもんなんでしょうね。

マリアさんの長兄の長男も日系じゃない人と結婚していて、奥さんとふたりでやって来ていた。三世になるともうみんな日系じゃない人を選ぶようになるんだなあということを感じさせた。午前2時頃お開きになった。

25日（土曜日）は、12時過ぎにマリアさん夫妻がホテルに迎えに来てくれてシャカラに行った。

前夜は暗くてよく見えなかったのだが、シャカラには大きなサッカー場までついていて、まったく立派なものだった。マツオさんの話では、以前は隣の区画もあわせて持っていたそうで、今は半分になったのだそうだが、それでも本当に大きかった。

マツオさんは敷地内にあるマンゴーの木の実を長い棒でもぎりとっていた。

この日は昨夜残った食べ物をサンタさんたちと一緒のテーブルで食べた。マリアさんの長兄の嫁さんも同じテーブルに来て通訳してくれた。

食事が終わる頃に、宜野座兄弟たちがつくっているサッカーチームを紹介したテレビ番組の録画ビデオをみた。

マリアさんの甥のひとりにシャカラの所有関係についてきいてみたら、正確には男の兄弟5人で共同ということらしい。10人きょうだいのうち、男5人、女5人で、男は1人、女は2人すでに亡くなっていて、男兄弟は4人しか残っていないのだが、すでに亡くなった1人は相続人の男子が加わって5人ということではなかろうかと推測した。

昼食後、シャカラの近くにある和順会の老人福祉施設見学に行った。植田さんの名刺の肩書きの一つに、和順会関係のものがあって、それできいてみたら、和順会はパラナ州全土にある無料老人ホームを運営していることが分かった。浄土宗の佐々木陽明氏（淑徳大学客員教授）が会長で、寄付で成り立っている。

案内してくれた若い人は二世だが、日本語はうまかった。日本に8年間行っていたそうだ。両親は一世で、お父さんは福井県出身の坊さんだったが、亡くなって、息子の彼が坊さんになる修行中である。お母さんは老人福祉施設の受付にいた。

入所者は現在30人ぐらい。入所は無料である。基本的に、身寄りがなくお金もない人が入っている。家族がいなくなったというより、もともと結婚しないで独身の人が多いようである。しかし、例えば喜屋武《きやん》という沖縄の姓の男性1人と女性2人が入所していて、この3人はきょうだいだそうだった。出稼ぎに行く間みる人がいなくて入所するというケースもあったそうだが、最近は日本が不景気でデカセギもブラジルに帰ってきていることから、入所者も減って、そういう意味ではよかった、と。今の倍ぐらいの収容能力があるとのことだった。

看護士は施設内にいるが、医師は必要なときにボランティアの医師が来てくれるそうで、ということは、常に医師の治療が必要なタイプの人は入所していない。

日本から淑徳大学の学生が毎年9月に研修に来るそうで、この年は8人で、うち3人はクリチバで研修したそうである。

老人ホームと並んで浄土宗のお寺が建っていた。以前は幼稚園もやっていたが今はやっていないそうである。見学が終わってから、私と娘から50レアル寄付した。

そのあと、マリアさんの弟宅に行ったりしてから、またシャカラに行って、午後8時頃から同じ残り物を食べた。それでも残ったものをみんなで分けて、午後10時頃お開きになった。まる2日も何をするのかと思っていたら、3度食事を共にしたのだった。ちょうど正月のおせち料理を食べている感じだった。町の中の店という店は、ニセイというチェーンの薬屋を除いてほとんど全部閉まっていた。

25日夜は、シャカラからマリアさんたちが泊めてもらっている下のお姉さん宅に行って、12時まで雑談した。何でも心理学を専攻した人で、その関係の仕事をしていたらしいが、相手がみんな心を病んだ人なわけで、それがいやだからというので今は子どもの服の店を経営している。しかし、商売している人には全然見えなかった。ずっと独身で、結婚には興味がないらしい。日本の踊りが趣味で、日本語もよくしゃべれたし、1年間東京でも働いたらしい。男の兄弟たちとは全然タイプが違っていた。

ロンドリーナに住んでいるマリアさんの上のお姉さん夫妻もここに泊まっていたそうで、姉妹の交流もしっかり続いているようである。

26日(日曜日)、朝10時頃出発して、マリア夫妻の養子のショウイチ君も一緒に乗って、夕方5時頃クリチバに戻ってきた。ショウイチ君は、大学生で、バイトが忙しくて25日の朝、夜行バスでマリンガに着いた。私にはそう見えなかったが、日系人だそうだ。

予想通りクリチバ市内に入るところで車は渋滞していたが、そんなにひどくはなかった。クリスマスが明けて、町はまた普通の感じに戻っていた。日本で年が明けたときのような感じがあって、クリスマスが大きな節目になっているんだなと思った。

マリンガで、祝日になると食べ物屋が全部閉まってしまうのをみたので、これからクリチバで年を越す娘のことを考えて簡単な自炊はできるようにしようと思い、ハラパレスの裏にある大きなスーパーに買い物に行って、食器類と、皿も兼ねたプラスチック容器、あと、食べ物、飲み物をたくさん買った。80レアル（4000円）以上になった。帰ってから、それを食べて夕食にしたら、私も娘も下痢をしてしまった。野菜を買ってサラダをつくったのだが、野菜を洗った水があたったのではないだろうか。娘は生のタマネギも食べ過ぎて、胃が痛いという。

そういうわけで、27日（月曜日）は、ほとんどホテルにいた。私は、村上春樹の『東京奇譚集』をまず読み切った。読むのはこれで三度目になるが、話の内容をほとんど何もおぼえていないことにビックリしてしまった。その後、漫画の『新ブラックジャックによろしく 9』というのを読み切った。これは、成田空港のNY行きゲート手前の売店で買った。主人公は、どうせ人は皆死ぬのに、医療で助けて何になるという疑問を持っているのである。

3時過ぎに食事のために外に出たが、近くのバイキングの店が閉まっていたので、歩いて20分ぐらいのエスタソンというショッピングセンターまで行って、重さを量って料金を出す方式のキロの店で日本食を食べた。往復の途中、暑くてだるかった。ホテルに帰ってからも娘は寝ていて、夜になってからは寒いといって、風邪薬を飲んだ。

私は夜はビールを飲みながら、やはり村上春樹の『神の子どもたちはみな眠る』(新潮文庫)を読み出した。これも以前ハードカバーで何度か読んだのに、ほとんど読んだ記憶が残っていない。1995年の神戸の大地震と何らかの関わりのある話が集められている。その2番目に収録されている「アイロンのある風景」に、「死に方から逆に導かれる生き方というのもある」とあって(73頁)、私はそういう風に生きてきたんだけどな、と思った。幸せなことかどうかは疑わしいが。

28日(火曜日)、娘は嘘みたいに元気になっていた。食事のあと、歩いて町の中心部に行く。クリチバは中心部自体が大きくて場所感覚がよく分からない。市役所の窓口があって、そこでツーリズムラインのバス乗り場をきいて行った。

中心部にあって、クリチバの町づくりの原点にもなった歩行者専用道路天国花通りに面した停留所に行ってみると30分に1本の運行であるが、ちょうど出たところで、マックでちょっと休んでから乗った。花通りは2番目の停留所だが、2台続けて来たバスのどちらも満員状態で、でも後ろの方のバスの入り口が開いたので乗った。停留所が24もあって、1周すると3時間ぐらいかかる。3回までおりることができる切符で、20レアル(1000円)である。5番目の植物園で多くの人がおりて、座れた。われわれは途中14番目の環境自由大学でおりて、行ってみた。池の周辺が崖状の森に囲まれていて、池のほとりにらせん階段を上っていくかわった建物が建っていた。池には黒い白鳥みたいな鳥がいた。

公園とかは以前にも行ったので、あとは最後まで座っていた。一回りしたら、だいたいの位置関係が分かってきてよかった。

3時頃中心部にあるキロのレストランで食べた。街路に建っている温度計が33度になっていた。通りかかったパラナ現代美術館に寄ってから、ホテルに帰った。入場無料、撮影自由の美術館だった。クリチバの町と関連のある作品もあったが、大部分はよく分からなかった。こういう美術館があるのっていいなと思った。

ホテルに戻って、一眠りして起きたら、娘が、ウェブカメラを買ってスカイプしたいというので、エスタソンにいって買った。69レアル（3500円近く）だった。そのとき応対してくれた若い男性店員が自ら三世だといい、日本語もしゃべれた。私には日系人には見えなかったが、娘の話では、現地の人には日系人は日系人と分かるらしい。エスタソン内に両替店があったので100ドル換えた。163レアル来た。今は円の方がレートがいいかもしれない。

帰って、ホテルの裏のスーパー（メルカドラマという、メルカド（市場）とドラマをかけた名前のチェーンで、クリチバ市内にたくさんある）に行ったら、ここでもウェブカメラを売っていて、10レアル（500円）台の非常に安いのもあった。

それから、都で食べた。定食を注文したがやっぱり量が多すぎるし、しょっぱかった。暗くなった帰り道にはいつものように売春の誘いの、女のような男がずらりと並んで立っていて、壮観だった。全部がゲイなのかどうか、みただけではよく分からない。

ホテルに戻ったらヒガエリオさんと娘のプリシーラとタイースが来ていた。2階ロビーで話した。娘は最初エリオさん宅に泊めてもらったし、前年来たときも一番最初だけは泊めてもらったらしい。そういうことで、娘は大変お世話になってきたのだが、私はエリオさんとは初対面だった。エリオさんは60歳ぐらいで、ブラジル統計局に勤めている。お父さんが北中城村出身の一世、お母さんが二世なのだが、日本語は話さない。娘の話では、戦争の影響でお父さんは日本語を話さなくなったのだそうである。それで、英語での会話になる。プリシーラは、お母さんと2年間神奈川に出稼ぎに行っていたこともあるし、北中城村で研修を受けたこともあって、日本語がしゃべれる。タイースさんは16歳だそうだが、ポルトガル語、英語の他、フランス語もできて、日本語も、きくことはできるようだった。家の中では、練習のため英語で話すのだそうだ。

29日(水曜日)、朝9時にマリアさん夫妻が来た。続いて、娘が前年ロンドリーナでお世話になった国吉真一さんの五女のヴェーラさんが来た。娘を31日夜から元旦まで、彼女の夫の家族のシャカラ(別荘)に連れて行ってくれるそうである。そのための顔合わせだった。ヴェーラさんは看護師だそうで、われわれが下痢したことを話したら、ここの病院の話になって、ここも、小さな診療所でまずみてもらい、そこでは手当ができない場合に大きな病院に送るシステムになっているそうだ。

さらに山城弘義・貞子さん夫妻が来た。前年クリチバに行ったときにお世話になったヤビクジョゼさんがこの年の10月に86歳で亡くなったので、奥さんに会ってお悔やみを言いたいと希望を出したところ、ヤビクさんと親しかった山城さんが来てくれたのである。

しばらくみんなで雑談していたら、山城さん夫妻はこれからサンタカタリーナ州の海辺に持っている別荘に行くそうで、誘われてわれわれもこの日の午後一緒に行くことになってしまった。まったく予想もしていなかった。

まず、山城さん夫妻とヤビクさん宅に行った。奥さんがひとりでいた。ヤビクさんはクリスチャンだったので、仏壇はなかった。どこで祈るんですかときいたら、教会でというのだが、仏壇みたいなものがあった方が気持ちが落ちつくのではないかなと思った。奥さんも一緒に昼食を食べに行ったが、何を話しても亡くなったヤビクさんのことを思い出してしまって涙が出てくる状態だった。ヤビクさんは山城さんと同じように方言が上手で、三線を弾くのもうまく、一世としか見えなかったが、両親が羽地出身の二世だった。みんなで飲むのが大好きで、「のまん会」をつくっていたと、クリチバで隔月で出ている日系の情報誌 *Planeta Zen* 2010・10／11月号に追悼記事が載っていた。前年われわれが行ったときは、ヤビクさんはもう働いていなくて時間に余裕があったので、自ら運転してわれわれにつきあってくれたのだった。経験が豊富で何でも知っていただけでなく、何とも言えないのんびりした雰囲気があった。

いったんホテルに送ってもらってから、午後4時頃山城さんが迎えに来てくれた。最初の2時間ぐらいは順調に南に向かっていたが、夕方7時頃から渋滞が始まった。救急車が何台か走って行ったので事故があったのではないだろうか。1時間あまりのろのろと進んで、Itajai という隣町に着いたあたりからまた車が動き始め、カンボリウ（Camboriu：「ウ」にアクセントがある）に着いたのは夜8時40分頃だった。クリチバから南に210キロで、フロリアノポリスはさらに100キロ南である。

町に入って、ビーチの方に行くと、人がいっぱいで、ちょうどハワイのワイキキみたいな感じで、仰天してしまった。ここには、パラグアイ、アルゼンチンからも来るそうで、実際アスンシオンからのバスを見た。山城さんが持っているのは20階以上あるマンションの11階で、長女夫妻と3女夫妻の家族がすでに来ていた。

ちょっと休んでから外に出て、山城さん夫妻、長女と2人の子どもたちと一緒に散歩した。リゾートのムードがあふれていた。旅行者に必要なものは何でもそろっているようだった。海辺の別荘というのがこんなところだとは予想外だった。

山城さんの持っているマンションは10年ぐらい前に57万クルゼイロで買ったそうだ。どれぐらいの値打ちか、調べてみないと分からないが、とにかく、今は10倍以上の値段になっているそうだ。この10年間でカンボリウはリゾートとして大発展を遂げたのでしょう。日本ではカンボリウといってもほとんど知られていないと思うし、私も知らなかったが、インターネットで検索するとちゃんとヒットする。山城さんは2軒持っていて、一つは貸していて、その家賃で、自分たちの使っているマンションの管理費などにあてればトントンになるとのことだった。

翌30日（木曜日）の午前中、山城さん夫妻、長女とその子ども2人と一緒にビーチバスでぐるっと回ってから、ケーブルカー乗り場に行って、山の上、さらに向こう側も見てきた。その後山城さん夫妻と昼食してから散策した。

ビーチの特色はといえば、やっぱり人の多さでしょう。歩くすきまもないぐらいにびっちり人で埋まっていた。そして、気取っていなくてとても気が楽だった。

洋服店には白い服がずらりと並んでいた。何でもブラジルでは31日夜から元旦は白い服を着るんだそうだ。白は平和の象徴なんだそうだ。

夕方、バスでクリチバに戻ってきた。3時間半ほどで着いた。われわれと反対の南部方向が渋滞していた。

娘が書いたものによれば、山城さんの両親は石川（現うるま市）出身だが、山城さんは両親の出稼ぎ先の大阪で生まれ、戦争が終わってから、沖縄へ帰った。それからサンパウロにいる親戚から写真や手紙がよく送られてきて、ブラジルへは呼び寄せ移民として家族全員でやってきた。10人兄弟のうちの長男だった。ブラジルへ来てから生まれた兄弟もいる。沖縄にいる時は、隣近所の同い年の人たちは勉強も良くできていたので自分を恥ずかしく思っていて、性格が引っ込み思案だったという。中卒で家族とブラジルへ来たが、逆にブラジルではそういうことを気にせずに過ごせて、サンパウロ州で、米作りと野菜づくりをし、トラックの運転手をやってきた。それらが自信につながっていったようだ。ブラジルに来たことを後悔したこともあったというが、２００９年に行ったときは先に述べたように、フェイラ（露天市）でパステルをつくって売っていた。クリチバはフェイラが盛んで、毎日どこかでやっていて、店も大きなちゃんとした設備の車を引っ張っていってやる。山城さんの店のパステルはおいしいということで評判で、非常に繁盛していた。3人の娘さんも皆結婚し、店を継いでくれて、孫の面倒を見たり、大好きな三線やカラオケをしながら満足した日々を過ごしている様子だった。

しかし、やっぱり働いていないと体調が変になるようで、山城さんは胃の調子が悪いという。ビーチで一日中ぶらぶらするのも、疲れる仕事で働きづめならば息抜きにいいかもしれないが、ずっとではろくなことにはならないだろう。

前年沖縄に戻ってから、山城さんが会ってほしいという親戚に会いに石川に行った。親戚が集まっていて、いろんな話がきけたのだが、今回出発前にももう一度訪ねていった。両方ともビデオで撮ったので、DVDにして娘が持っていったら大変よかったと喜ばれ、この日もさらに会ってほしい人の希望が出た。

31日（金曜日）、これからクリチバから引きあげるので、朝起きたら出発前の緊張があった。大晦日でホテルはガランとしていたが、朝食を食べに食堂に行ったら、家族連れが2、3組いた。クリチバの沖縄県系人は年末年始をサンパウロで過ごす人が多いようだが、クリチバに来て過ごす人も結構いるときいた。

荷物のまとめが終わってから、昼前、ホテル近くのショッピングセンターに行った。帰りに、中華のキロの店で食べた。午後1時に戻って、日本時間では年を越したので、年賀状を送信した。

空港まではオオシロさんが送ってくれる約束だったが、来ないので、2時に娘が電話したら、忘れてました、すみません、と。それで、タクシーで行った。ゴル便にチェックインしてから空港バス乗り場を確認すると、20分に1本走っていて、8レアル（400円）で安い。娘と一緒にちょっと空港内のおみやげ屋をみてから別れた。

サンパウロのガルーリョス空港に着いて、アメリカン航空のダラス経由成田便にチェックインして中に入り、ビールを飲みながらパソコンの打ち込み作業をした。ブラジルに着いたときは時間が遅くなってトクした気分だったが、帰りは逆になる。毎日書いている原稿を2日分作成した。ガルーリョスからの出発が31日の夜の12時直前で、離陸のために動いているときにちょうど年が明けて、あちこちで花火があがっているのが見えた。

今回の旅で私が引っかかっていたのは、娘のフィールドワーク地に顔を出していいのかなということだった。前年クリチバに行ったときは、沖縄県系人に会うというよりは、クリチバのまちづくりを現場でみてみるということの方が大きかったので、あまり引っかかりはなかったが、今回は、娘に合わせることに徹底したので、邪魔にならないかと心配だった。しかし、ダラスから成田までの機内で毎日書いてきたものを読んでみたら、そういう心配は無用だったように思われた。年末で家族がそろって動くことが多い時期だったせいもあるかもしれないが、私が来たことも自然に受けとめられたようだった。むしろ、逆に、なぜもっといないのか、とあちこちで言われて、ナモラーダ（愛人）でもいるのかと勘ぐられたりしたのである。

家族が一緒になるという意味での家族主義の強さは、今回非常に感じさせられた。そして、シャカラというのが、沖縄の位牌のあるところやお墓と同じような機能を果たしているのも感じられた。その中で、沖縄の家族主義というのは、ある意味で、案外ブラジルと適合的かなとも思ったりしたが、やっぱり沖縄の家族主義というのは島的な狭い社会を背景にして生まれたものでしょう。

30日の夜はエリオさん宅で夜食をごちそうになったのだが、そのときエリオさんの奥さんに初めて会って、話をきいたら、奥さんは三世であるが、祖父母は与那原《よなばる》から来て、カンポグランジに住んでいたそうで、エリオさんとはかなり近い親戚になるのだそうだ。それで、娘が生まれたときも遺伝上問題がないかといろいろ心配したらしい。山城さん夫妻は、親戚ではないと思うが、奥さんは親がやはり石川出身の二世である。出身地域的に近い人と結婚するということは結構みられるようである。移民の場合は、候補者も限られるからその傾向はいっそう強まるだろう。そういう島的な近さとブラジル的なものとはどういうふうにつながり得るのだろうか。

1月2日の午後2時過ぎに成田に着いた。アメリカン航空は、窓際の席は2連座席であるが、私の隣に座った若い女性は日本のパスポートではなかった。韓国ではないかと思う。私の前の座席は台湾からの若い女性だった。ダラスから成田まで13時間の間、彼女たちを見るともなくみていたら、どちらも周囲に気兼ねしないで、マイペースでやっているのが印象に残った。

これまで何度もブラジルを訪問してきたわけだが、比較してみても日本や沖縄との接点が見いだせなくて、どうしても別の世界の話になってしまっていた。ところが、クリチバ市で沖縄県系人の皆さんのお世話になりながらクリチバのまちづくりの状況を体験的に学んでいったら、共通するものがあることを強く感じた。ブラジルという大枠から考えるのではなく、地域コミュニティを構成している個人の方から見てみれば、ブラジルのことも沖縄にいて考えていることと結構つながることに気がついた。発展途上国と先進国というように別の社会だと決めてしまうとうまくつながらない。これを個人の集まりのネットワークという形で積み上げて考えていけば、住み心地とか便利さだけでなく、幸福のかなりの部分も共通の土台で考えることができる。

クリチバでお世話になった日系人というのは、ブラジルでは中流に属する人が多いと思われるが、そういった人々が、例えば、お手伝いさんを住み込みの形で日常的に雇うというようなことが一般にはなくなっていることは、ブラジルの社会が全体的に底上げしてきた結果だと思う。国際賃金水準で考えれば日本と何倍かの差が出るし、強盗対策が必要だとかいった違いはあるが、生活そのもので比較したらそんなに差はないと思う。

国全体としてみたときは、ラテンアメリカ諸国は日本よりは一周り早く新自由主義改革路線の苦い結末をみた結果、そこから蘇る模索を日本よりも一足早く開始してきているし、なべて米国との距離を取ろうとする。日本では、BRICs諸国（ブラジル、ロシア、インド、中国。なお、これに南アフリカ共和国を加えた5カ国は、BRICSと総称される）のうち中国への関心が突出して、その他の諸国への関心が薄れてしまう傾向があるが、ブラジルなど、日系人との関わりもあるのだし、日本に持っていないものをたくさんもっている国という単純な視点からだけ考えても、もっと注目していいはずである。

もう一つ、この頃話題になっていた言葉が、「無縁社会」とか、孤独死であったが、これと関連する「社会関係資本（ソーシャル・キャピタル）」について、クリチバに出かける前の年末の講義で取り上げた。人と人とのネットワークが豊かだと、地域社会のさまざまな分野でうまくいく、ということで、医療や教育など、社会生活全般について当てはまると言われている。そして、日本でもこの関係の調査がいくつかなされているが、その結果を見ると、沖縄県は決していい状態ではない。ビリに近いものもある。ユイマールというのが沖縄の特徴といわれてきて、助け合いが盛んだというイメージがある中で、どうしてこういう結果になるのだろうか。

1月5日（水曜日）に沖縄に帰ってからすぐに、クリチバにいる娘とスカイプで話した。娘はハラパレスの同じ部屋に継続して滞在していて、その部屋をウェブカメラを通してみたら妙な感じがした。

6日（木曜日）に、これからペルーのリマの親戚宅に行く野里寿子さんに会った。野里さんは児童文学を書いていて、妻が生きているとき親しかった。彼女の当時のテーマは宮森小学校米軍機墜落事件だった。Wikipediaによれば、1959年6月30日午前10時40分頃に、米空軍のノースアメリカンF100Dジェット戦闘機が操縦不能となり、パイロットは空中で脱出、機体は民家35棟をなぎ倒した後、石川市にある宮森小学校（現うるま市立宮森小学校）のトタン屋根校舎に衝突、さらに隣のコンクリート校舎を直撃し、炎上した。事故による火災は1時間後に鎮火したが、死者17人（小学生11人、一般住民6人）、重軽傷者210人、校舎3棟を始め民家27棟、公民館1棟が全焼、校舎2棟と民家8棟が半焼する大惨事となった。事故当時、学校には児童・教職員ら約1000人がいた。当時は2時間目終了後のミルク給食の時間で、ほぼ全児童が校舎内にいた。特に直撃を受けた2年生の教室の被害が最も大きく、火だるまになった子供達は水飲み場まで走り、そのまま次々と息絶えたと伝えられている。私は以前、「1959年の沖縄」という研究ノートを書いたことがあるが、これも1959年の事件だったのですね。野里さんは、生き残った関係者の取材を続けてきている。

この事件で姪が死んで、その後自殺した中屋幸吉という人の本を前年4月27日に野里さんから見せてもらった。10月19日には、野里さんは宮森小学校に連れていってくれた。小学校は住宅密集地にあって、こんなところに飛行機が落ちたのかとぼう然とした。石川は、クリチバに住んでいる山城さんの故郷であり、山城さんはこの事件に遭遇した人を知っているそうである。

野里さんのお母さんの妹さん、つまり叔母さんがペルーのリマに住んでいて、前年野里さん宅に来てしばらく滞在していた。私と娘もその時に会った。野里さんは当初もうちょっと早い時期にペルーに行く予定で、時期が合えば私も行ってみるつもりだった。事情があって、1月11日に沖縄を出発して、30日までリマにいるそうで、叔母さん宅の住所・電話と野里さんの予定を教えてもらった。それを娘に伝えたところ、娘はブラジルから日本に向かう日を2月2日に延期し、その間にリマに行ってみるということになった。娘がペルーに行くのは1月16日から21日までと決まったそうで、マツオさんがインターネットで調べてくれてタムのクリチバ－サンパウロ－リマのタム往復便が買えたそうである。料金については、インターネット予約した分がクレジットカードで決済できれば非常に安くなるようだが、娘のは使えなかったそうだ。それで、マツオさんのクレジットカードで払ってもらって、あとで清算することになったらしい。値段は1700レアル（8万5000円）だそうで、ちょっと前までは1100レアル（5万5000円）の切符があったそうである。旅行社で普通に買うと4000レアル（20万円）だそうだから、ベラボーな差だ。

2008年にブラジルに行ったときに国内線チケットを買おうとして同じようなことがあった。インターネットで安い便を探して、それを買おうとしたが、ブラジルに住んでいないと必要事項が埋められなかった。それと同じような事情ではないかと推測している。

娘は私が帰国してからも活発に動いていて、私が帰国したあと、クリチバ沖縄県人会の前会長ウエズジョージさんと連絡を取って会って、2時間ほど話したとのことである。私もウエズさんがなぜ会長を辞任したのかと疑問に思っていたが、きいた話では家庭の事情だということだった。

話が飛ぶが、2011年10月に世界のウチナーンチュ大会が開かれたときに、娘も沖縄移民が研究テーマなので沖縄に来ていて、7日（金曜日）夕方からうるま市で与那嶺氏の講演があるというので私も一緒にいった。

講演会の題は、「肝心（チムグクル）がつなぐブラジルと沖縄」で、ウチナーンチュ大会開催にあわせて開催されたものである。

チムグクルというのは、インターネットのサイトで調べたところでは「人の心に宿る、より深い想い」だそうである（http://www.okinawa-oide.com/2006/10/post_316.html）。

同じサイトの記述によれば、2006年10月に開催された第4回大会のスローガンが「広がるチムグクル、つながるチムチュラサ」だったそうで、27カ国から総勢4700人の県系人（一世から五世まで）が集まったのだそうである。チムチュラサというのは「肝美らさ」と書く。

与那嶺氏の講演「二世からみたウチナー文化」（ウチナーとは沖縄のこと）をはさんで、その前に、JICAのシニアボランティアでブラジルに2年間派遣された方の報告と、その後にブラジルでの教師海外研修に参加した教師3人の報告があった。

講演中は娘がメモを取っていたので、それを見ながら聴き、講演の翌日には娘がテープ起こしをして活字にしたので、それもざっと読んだ。

与那嶺氏とは、前年サンパウロの沖縄県人会館でも話をきいたし、2008年にブエノスアイレスで開かれたアルゼンチンの沖縄移民100周年記念行事でも一緒だった。1950年生まれだから私と近いが、前年と比べて、ものすごく太ってしまって、よたよたしていて、ちゃんと歩けるのかなあという感じがした。

与那嶺氏は、1979年にブラジルのモジ・ダス・クルゼス大学土木科を卒業後、1980年に沖縄に県費留学して、1981年から82年まで沖縄市で研修し、83年にブラジル県人会理事になった。私が沖縄に来た頃、彼もいたんだな、と思った。

与那嶺氏の講演は日本語で行われたが、あちこちに方言が混じり、分かりにくい。娘がテープ起こししたものを私なりに以下にまとめてみた。それでも分からないところは、娘にきいたり、インターネットで補足した。

*

〈与那嶺氏講演要旨〉

1908年にサントス港に上陸した第1回目目の移民は、ブラジルに着いた時に781名のうち352名が沖縄からの人だったが、サンパウロ州農務長官と移民導入契約を結んだ水野龍氏(http://www.nikkeyshimbun.com.br/2011/2011rensai-fukasawa5.html 参照)に預けていたお金が底をついてなくなって、払われないということで、最初の6カ月のうちに191名しか残らず、その他は逃げて、その中で150名ぐらいはアルゼンチンの方へ行った。彼らは、タンゴの発祥地のカミニートで港の仕事をやりながら、一部はブラジルに帰り、また一部はラプラタ川を上がってブラジル奥地の方に入っていって、鉄道づくりの仕事をやり始めた。現在カンポグランジに住んでいる人々が、こういうルーツでやってきた人々である。カンポグランジには、ペルーから逃げて、ボリビア経由で来た人もいる。

移民の歴史は非常に書かれて、本になっているが、まだ一番書かれていないのが、女性の歴史ではないか。おばあさんたちが先人たちの思いを引き継いで私たちに伝えてきたおかげで、ウチナーンチュというその意識も持続できたのではないか。

ウチナーンチュの移民社会の中で、「ナンクルナイサー」(何とかなる)、「イチャリバチョーデー」(一度会ったら皆きょうだい)、「ユイマール」(ユイ(結い、協働)+マール(順番)の意で、順番に労力交換を行うこと。相互補助と訳される)、寄り合い、モアイ(模合、頼もし講)といった相互助け合いは、仕事の場所決定、または住む家を買ったりする場合に非常に強い力になった。ウチナーンチュの場合はタテ社会ではなくて、ヨコ社会で、助け合うことで非常に苦しい時代を乗り越え、この苦しみを分かち合って生きてきた。移民の先輩方の思いというのは、このように、一人の偉い人が出てくるという思いではなく、みんな家も持っているし、子どもたちも教育させているし、仕事もよくやっていると、そういう思いが非常に強かったんじゃないか。

ウチナーンチュは小さな仕事でも家族一緒にやり、男女で役割分担する。男性は前向きに仕事をするのに対して、女性はその背後で、小さなことをいろいろ気づかせる。

まずは社会との繋がり。40名の孫がいるとした場合は、おばあさんなら40名の名前全部、名前もわかるし、いつ病気になったかもわかる。生まれた日にちもわかるし、ムーク(婿)の親の法事もわかる。こういうふうに、おばあさんたちがものすごい力で自分の家族をまとめて、信仰も、ものすごく強かった。ウチナーンチュは大きな企業は持っておらず、そして、奥さんがいろいろな経済関係をよく知っている。あの女性の力というものは強い。

おじいさんは畑仕事、おばあさんは町で売って歩いた。ブラジルで、第1か、第2の野菜の市場、青物市場の中に初めて入ったのがウチナーンチュの田場カメさんという方である。彼女がイタリア人、スペイン人の若人の中に入って、その後、たくさんのウチナーンチュを呼んで、市場の中に入ることができた。

このように、ウチナーンチュは大きな土地を買って借金までしてやるような仕事ではなく、頼もしなどを利用して小さな土地を買って、その土地の中で野菜を作り、養豚をした。野菜は毎日できて、毎日売れる。金はあんまりないけれど、生活は毎日スムーズにできる。

ウチナーンチュに会いたかったら市場へ行く。そこでは、おばあさんたちが野菜を売っている。町の近くだから、こどもたちには町の教育を受けさせて、仕事もだんだんと大きくなっていって、それで子どもたちも大学を卒業して、現在日系社会の中においてウチナーンチュはもう金持ちだと言われていて、飛行機に乗って旅もしたり、いろんなことやっている。

他府県の人との中でよく話題にあがるのは、沖縄の女性はよく働くが、男は酒をよく飲み、よく遊ぶ、と。そうではなくて、男は農業で働いているので道で会わないのに対して、女性は毎日市場に出て頑張っているのを見ていたからである。このバランスがウチナーンチュの場合非常によく取れていた。

現在は、金物関係やらいろいろな、50ぐらいの専門の仕事ができて、非常にゆとりのある生活ができている。

ブラジルの移民社会の中でウチナーンチは呼び寄せが非常に盛んだった。その関係でブラジルでは沖縄県人が非常に増えた。ブラジルの中で家族をみると、一世が2人で移民して、子どもが8名、孫が32名、ひ孫がもう64名、といったようになってくると、莫大に増えてくるんじゃないかと思う。私の親父は非常に日本万歳の人であったので、仮に日本に住んでいたら、もしかしたら戦争で亡くなっていたのではないか。そうなると、私たちは生まれもしなかったんじゃないかと思う。そういう関係で、ブラジルのウチナーンチュの社会は非常にふくれた社会になってきた。だから、現在ブラジルに沖縄県人は15万人いる。日系社会の中の1割である。

ブラジルに県人会の支部が44あって、サンパウロ市内だけでも22の建物がある。文化センターは3万5000平米。かくして、大先輩のおかげで戦争後、出身市町村というまとめ方でなくて、沖縄県人会(支部)単位でまとめた。自分たちが今調査してみると、だいたい、市町村がわからないところで動いている。地域地域に行くと、例えば、私のいたところだと、中城《なかぐすく》、具志川の人が多いというように。こういうふうにしてまとまっていて、このまとまりは非常に強い。

仕事関係では、現在、金物関係のほか、化粧品、パーマ屋さん、いろいろな分野でウチナーンチュ同士のつながりがある。金物は100以上の金物関係の人たちがまとまって品物を一緒に買っている。ウチナーンチュの場合はひとりが払いきれなかったら、みんなで手を合わせてその借金を払ってあげる。だから、小さな店であっても企業が安心して売ることが出来る。

私たちが現在非常に心配しているのは、まず、もう移民してから100年で五代である。これから将来どのようにして自分たちの文化を継続していけるか、これが一番心配である。

というのは、まずは、ブラジル社会では人種差別がない。そういう前提で二世たちも教育をやっているし、次第に白人と結婚する人も増えて、二世の時代は3%、三世が40%、四世がもう65%。各家庭で、誰かがもうブラジルの人と結婚している可能性がある。その中で、現在はこれからもう五代であるから、将来、沖縄の信仰文化をどのようにして継ぐのか。同じウチナーンチュでも、宗教が変わって、自分はもうトートーメー（位牌）承継もやらないという人が出てくる。今までやりやすかったのは、説明しなくてもみんな継いできたからだ。それが、どういう意味でやるのか、どういう内容なのか、その説明が必要な時代に向かってきている。

そういう時に私も、先輩たちのおかげでもう30年間県人会活動をやっている中で、いろんな民族との付き合いの中で自分たちの習慣を合わせることができるよう話を進めてきて、現在は二、三世に、自分たちの文化がすばらしいという思いを持ちながら説明してきている。

特に文化センターでは、沖縄県のお世話になって、移民100年祭の記念として資料館を建てた。資料館の中で、沖縄の歴史、移民をした方々の歴史、または関係書類、系図、方言、ことわざ、支部の歴史、各市町村の歴史など、それからまた、踊りや三線について、誰が始めたか、どういう先生が踊ったか等について保存しないといけないという思いでいる。

でも1950年代から、あの泥道だったのがアスファルトなった。薪でご飯を作っていたものがガスにかわった。灯油の時代から電気の時代へと、だんだんと変わってきた。車と電話が出てきて、遠いところとも仕事ができるようになってきて、夕食も一緒に食べなくなった。良い車を持ちたい、大きな家を持ちたい、と、次第に物だけみるようになっている。全部を計算しながらやるので、親が亡くなっても法事もやりたくないし、死後の法事を7回もやるのは面倒くさい。大学を卒業して、サラリーマンになったけどゆとりがない。あの小さな仕事をやっていた時代の方がもっとゆとりを持っていた。

次第にこういう冷たい状況になってきた。現在はコンピュータと携帯の時代になって、自分の家の中でもテーブルで一緒に座って食べる時間がない。駐車場に入る時もボタンを押したら駐車場のドアも開けられる。家に入ると、テレビもボタンを押したらチャンネルを選択できる。そういうふうになって、無縁の時代になってきている。ちょっと前までは、遠い親戚よりも近い他人がいたんだけれど、会社の中でも友人同士が直接話し合う機会がなくなってきている。話しをするよりもまずEメールを送り、コンピュータで話し合う人も多くなってきている。次第にこういう時代に向かっている時に、沖縄の文化はものすごく強いものがあるんじゃないかと思う。無縁の時代になってくると、心の温かさというのが非常に大事になってくると思うからだ。

沖縄は1930年代、67%海外からの送金でやっていた。戦争後、ハワイの二世たちが軍部に入って沖縄を助けにきた。

1980年代に、沖縄の人がまっさきに出稼ぎで日本に来た。まず、ボリビアの二世たちは二重国籍を持っているから、すぐに出稼ぎでくることができた。でもブラジルの場合、身元保証人が必要だった。その時に、もう顔も合わせていない親戚にお願いすると、「おお、私の親戚」と言って、すぐ印鑑を押してくれて、出稼ぎにくることが出来た。出稼ぎで35万人の二世たちが日本のお世話になって、この結びがもっと強くなってきたんじゃないかと思う。

沖縄の習慣の中で一番すばらしいのは、どんなになってもウチナーンチュはウチナーンチュだということである。沖縄の位牌は赤色だが、赤は喜びの色である。このウチナーンチュが心を合わせ、つながりを大事にするほど国際化につながるんじゃないかと思う。現在、中国がどういう風にして生き延びて、一流の国になってきたのかと考えると、世界中にいる中国人がたくさんのお金を持っていて、中国人の世界を結んで、中国を支えている。同じように、世界にいるウチナーンチュは、あなたどこの人なの？　ときかれたら、あっ、自分は沖縄だ、そういう思いが強い。これは先人たちの力じゃなかったかなと思う。だから、沖縄の魂はトートーメー、墓だ。そして、そういう社会を支えているのが女性なのである。

ユダヤ系、イタリア人、スペイン人たちと混じって生活をやっている間に、世界はタテではなく、ヨコだと気づくのである。世界は家族なのだ。この精神を持っているのがウチナーンチュだ。

このウチナーンチュが200年ほど、鹿児島に抑えられても何にも言わなかった。でも自分の魂、自分の文化を大事にして生き延びてきた。戦争中でも自分の土地を売らなかった。自分の先祖のものを他人には譲らないという、文化、祖先の力が非常に強かったからではないかと思う。私たち、この沖縄の家族のまとまりは非常に強い。

アメリカからブラジルに来た友人のトウメさんが言うには、

「アメリカでは私たちはみんなサラリーマンで、人に雇われている。20になるともうおじいさんと孫のつながりが薄い。ブラジルに来ると、街角で子どもが泣いていると、おばあさん、おじいさんが抱いて、かわいがる。」

おじいさんが孫と遊んでいるのを見ると、「若い頃は堅物だったのに、今になって孫にやられている」というけど、そうではなくて、おじいさんは子どもの心に合わせることができるのである。お父さんがあまり柔らかすぎると子どもが悪くなる。この柔らかさはおじいさんがやらないといけない。こういう自然のウチナーンチュの文化にはものすごく強いところがあるんじゃないかと思う。

私はブラジルの人に説明するときに、ウチナーンチュはお葬式が終わるときにまた家族の家に戻るんだと説明する。葬式が終わったら、3日間、またお墓の所に行く。これはユダヤ人も同じ。それから四十九日。ユダヤ人も同じ。ブラジルの原住民も同じように四十九日をやる。文化が違っても、やり方には同じようなものがある。

ウチナーンチュは、四十九日、1年、3年、7年、13年、25年、33年と法要をする。どうして33回忌までやらないといけないのだろうか。33年たつとひ孫が出来ている。もし、おじいさんが死なないで生きているとすると、88歳になっていて、トーカチのお祝いをするときである。そんな時までおじいさんはこの家族のために祈っているので、それでみんなも栄えることができた。だから拝むのである。

だんだんと年取ってくると、こどもみたいな魂になってくる。人間が死ぬ前に一番お願いするのは、家に帰りたい、もう帰ろうということである。

人間は神と関係をもたない。宗教は死と関係しているけど、ウチナーンチュはそうじゃない。ぬちどぅ宝（命こそ宝）だから、お供えの下げものをみんなで食べ、みんなで味わい、みんなで分け合う。

このような沖縄の習慣、文化が家族をまとめ、社会をまとめ、これから将来、無縁の時代に向かってくるときに、もう一度この沖縄の文化に戻ってくる可能性があると思う。

だから私たちはこの自分たちの沖縄の文化を、ただ子どもたちのためだけでなくて、社会のために伝えたい。沖縄の一番大きな教えだと思うのは、平和の礎《いしじ》。たくさんの人たちが犠牲になった、でも、敵も味方も何もない。世の中みな同じ同じ人間だよ、という、その思い入れが沖縄の文化の力ではないかと思う。

＊

与那嶺氏の講演をまとめている間、ちょうど、世界のウチナーンチュ大会が開かれていて、地元の新聞はずっと、大々的に報道していた。私は、授業もあったりして、ごく部分的にしか参加しなかったが、熱気は感じられた。

個人的には、前夜祭の開かれた12日の朝、ブラジルから知念明先生一行10人が沖縄に到着され、前日の朝、関西に向かわれるまで、ちょっとお世話していた。

知念先生とは1988年に、サンパウロのマッケンジー大学で日伯商法セミナーが開かれたとき以来のおつきあいだから、振り返れば、もう20年以上になる。サンパウロに行くたびにいろいろお世話になってきた。最近は、ブラジルでは娘と一緒のことが多く、そういうことで、今回の沖縄訪問の際の宿泊ホテルの予約等については、娘と、知念先生の息子さんとの間でメールでやりとりしてセットしたのである。

知念先生一行を迎えに娘と空港に行ったときに、友だちの俊武志さんも誘った。ホテルに着いてから、午後2時まではチェックインできないというので、一緒に散歩に出て、近くのレストランでバイキングの食事を食べたのだが、その時、知念先生がこれから訪問したいと考えている母方の親戚の名前を挙げた。それをきいて俊さんが、俊さんの奥さんの親戚かもしれないと言い、早速携帯で奥さんに確認したら、本当にそうだと分かったのである。まったく仰天してしまった。

その2日後に、俊さんと奥さんはホテルで知念先生に会って、家系図のコピーを渡したそうで、それを知念先生から見せてもらった。確かに知念先生の代までは書き込まれていて、それ以後はこれから埋めていく段階になっていた。

家系図をもらって、知念先生は非常に喜ばれた様子だった。最初は、ブラジルから10人も来るので、娘とふたりでは手に負えないんじゃないかと思って、応援を頼むつもりで俊さんにも来てもらったのだが、なんと親戚だったわけである。こういう話は、これまでも時々きいたことがあるが、実際にこういうことが起こるんだなーと、ただただ驚くばかりだった。その後、知念先生は、俊さん宅まで行って、家系図についての話をされたとのことだが、知念先生たちにとっては非常に大きな収穫だったようである。

与那嶺氏の講演の最後の方が、ちょうどお墓や法要のことについてであり、私は知識が十分ないため、まとめるのに苦労した。法要のあたりではたくさんの数字が出てきて、その説明がなされたようなのだが、どうしても分からないところははしょった。

私が沖縄に来てから、ずっと分からないでいたのは、法要の際に肉や魚が出てくることである。本土の場合、だいたい精進揚げで、肉や魚は出してはいけないはずである。ところが、沖縄の場合、そんなことはなくて、祝い事の時の食べ物と、人が亡くなった後の法要で出てくる食べ物とで、そもそもそんなに差が感じられないのである。今回与那嶺氏の講演をまとめてみて、死んだ人も人間として扱われているんだなと感じたのである。墓も家の形をしているわけだし、シーミー（清明）祭など、いろいろな行事が墓の前で行われるのも、なるほどと分かってきた。

沖縄でも香典は、四十九日までは「御霊前」と書かれたもの、それ以後は「御仏前」と書かれたものを使う。33回忌の時は、黒い香典袋ではなく赤いお祝儀袋を使うんだということも、実際に体験して知った。この時は、仏様が神様にでもなるのであろうか。仏様と神様でどちらがえらいのか。

ウチナーンチュ大会の一環として、沖縄県立博物館で家系図などについての講演会が開かれていて、その後半だけきくことができたのだが、講演後にたくさんの質問があって、その質問というのが、質問者の家では誰がどのようにトートーメーを継いでいくべきなのかといった内容の質問で、非常に具体的なのである。弁護士としてこれまで関わってきたケースでも、具体的に誰がどのように位牌や遺産を継承していくべきかということは紛争の種になりやすい。

これについて、ちゃんと一義的にこうですと言えるようなルールはないのではないかと思われる。参考書といわれているものを当たってみても、よく分からないのである。かなり一般的なのは、こうすべきだという積極的なルールではなく、これはやってはいけないことだという禁忌のルールがあり、だいたい四つぐらいにまとめられている。その説明自体がかなり難しいのと、本土では考えられないことなので、内容は省くが、逆に考えると、禁忌に触れなければやっていい、というふうにも考えられ、生きている親族たちでかなり融通のきく取り扱いが可能ではないかと思われる。そういう場合に、どの意見が通るかといえば、その時において力のある人の意見ということになり、そのわがままが通るとますます筋が見えなくなってしまい、悪くすると親族のまとまりが崩壊してしまう。そういう事例は、結構しばしば見聞してきた。

いずれにしても、はっきり言えることは、分家はしても本土の場合のように親族がバラバラにならないので、一つの団体として、大きな塊になって残っている。それらの人々が一緒に入る墓が門中墓である。

門中制度というのは、韓国に同名の制度がある。細かく見ていけばいろいろ違いがあっても、ざっと系図の作り方を見た限りでは、沖縄の門中制度と非常によく似ている。そして、韓国も沖縄も、ベトナムと並んで、歴史的には中国と「朝貢」関係があった地域である。中国の親族は、一般的に宗族と言われているが、その系図も、ざっと見た限りでは門中制度とよく似ている。

こういうことから考えると、沖縄は、中国の影響を受けて門中という親族制度を作ったものの、薩摩侵攻後は日本の影響を受けて変質していって、運用の実態としてはチャンプルーな制度が出来たのではないか、というふうに推測される。

日本の親族は、一般に同族と言われる。中国の親族制度は、普通「共同体家族」と言われて、兄弟間の世代のヨコのつながりが維持されていて、そういう意味で、与那嶺氏は沖縄はヨコの関係が強いといわれたのだと思う。これに対して、日本の親族制度は一般に「直系家族」と分類されていて、兄弟間の連帯関係が切れてしまう。

与那嶺氏が、移民の歴史の中で、女性のことがまだ書かれていないと言われているのは、いい着眼点だと思う。

門中制度というのは、男性の血筋で家系図を組み立てるので、女性のつながりはバラバラになってしまう。そして、考え方としても、男性が女性よりも大切にされる傾向は、過去にさかのぼれば非常に強かった。現在の沖縄でも、田舎に行けば、まだそのことを痛感することがある。米軍基地になっている入会地で、米軍の賃借料を入会権者に分ける際に、男が世帯主の世帯にだけ配分し、女が世帯主になっている世帯には配分できないとしてきた慣行が違憲だとされた事件などもそんなに昔のことではない。

同じようなことは、類似の親族制度を持っている中国や韓国などでも見られる。例えば、両国では、女児よりも男児が相当たくさん生まれていて、性比のバランスが崩れている。その理由は、あらかじめ女児と分かれば堕胎するからであろう。中国では、一人っ子政策の影響で、女児の捨て子が多いときいたことがある。90年代後半に広州に行ったとき、夜、まちを歩いていると、まだ少女としか見えない女性が売春のため並んで立っているのを見て、愕然としたことがある。沖縄の場合は、男児が生まれるまでは何人でも産み続けるという形で現れる。女児が3人、4人と続けて生まれた後でやっと男児が生まれたというケースを、今でも結構耳にする。

このような状況の中でも沖縄の女性が強くたくましい、ということは以前から言われてきた。ただ、現在沖縄で暮らしていると、女性の力が強いというよりは、女性の実家が強いと感じられる場合が多い。例えば、女性が嫁入りしても、実家との関係が切れないで続いている。結婚してからも、しばしば女性の実家が口を出す。いやなことがあったら我慢しないで戻ってきなさい、と、簡単に言ってしまうものだから、気軽に実家に帰ってしまう。それが、沖縄の離婚率は全国で最も高いという結果に影響を与えている。

沖縄では、離婚が多いことと並んで、若いうちに結婚してしまうまだ子ども気分のお母さんが多く、その結果、生活も苦しいので、共稼ぎをせざるを得ないため、子どもの食事も夜遅くなってレストランや食堂ですませるといった問題である。実際、真夜中近くに行っても子ども連れのお母さんがいる。こういう現状を考えると、昔の家族には助け合いがあったとして、沖縄の伝統的な家族のあり方に将来を期待したりするのは、見込みが薄いだろうと思われる。そうではなく、沖縄の伝統的な家族の持っていた良さを基盤にするにしても、それをコミュニティの中で活かす方策を考えていかなければならないだろう。それにはやはり、血縁のつながりを超え、世代を超えた関係をつくり出せる方策を考える必要がある。

ウチナーンチュ大会の催しに部分的に参加したときも、そういう観点から観察していたのだが、従来の考えと新しい考えや企画がうまくそりあっていないように感じられた。象徴的なのは、方言を残そうというシンポジウムが行われていた時に、同時に、隣で開かれていた、沖縄の従来のネットワークを利用して国際的な取り組みをしようというシンポジウムでは、英語や中国語が自由に使えるような人材を育成していかない限り取り残されてしまうという危機感が表明されていた。方言もできて、英語も中国語もできるというならまったく結構なことだが、現実には非常に難しい。どうまとめればいいのだろうか？

家系図についての講演会の時に、与那嶺氏もパネラーのひとりになっていて、その時の話で、目が見えなくなっているとのことだった。それで足が悪いためではなく、目が悪いために手を引いてもらう必要があるのだということが分かった。

第5章　2012年中米「！」の旅

―メキシコ、ニカラグア～グアテマラ

左から、仲村エリアス・メキシコ沖縄県人会会長、山入端民子さん、娘、仲村会長の奥さん、佐久本義生さん
（メキシコシティにて 2012 年3月 10 日撮影）

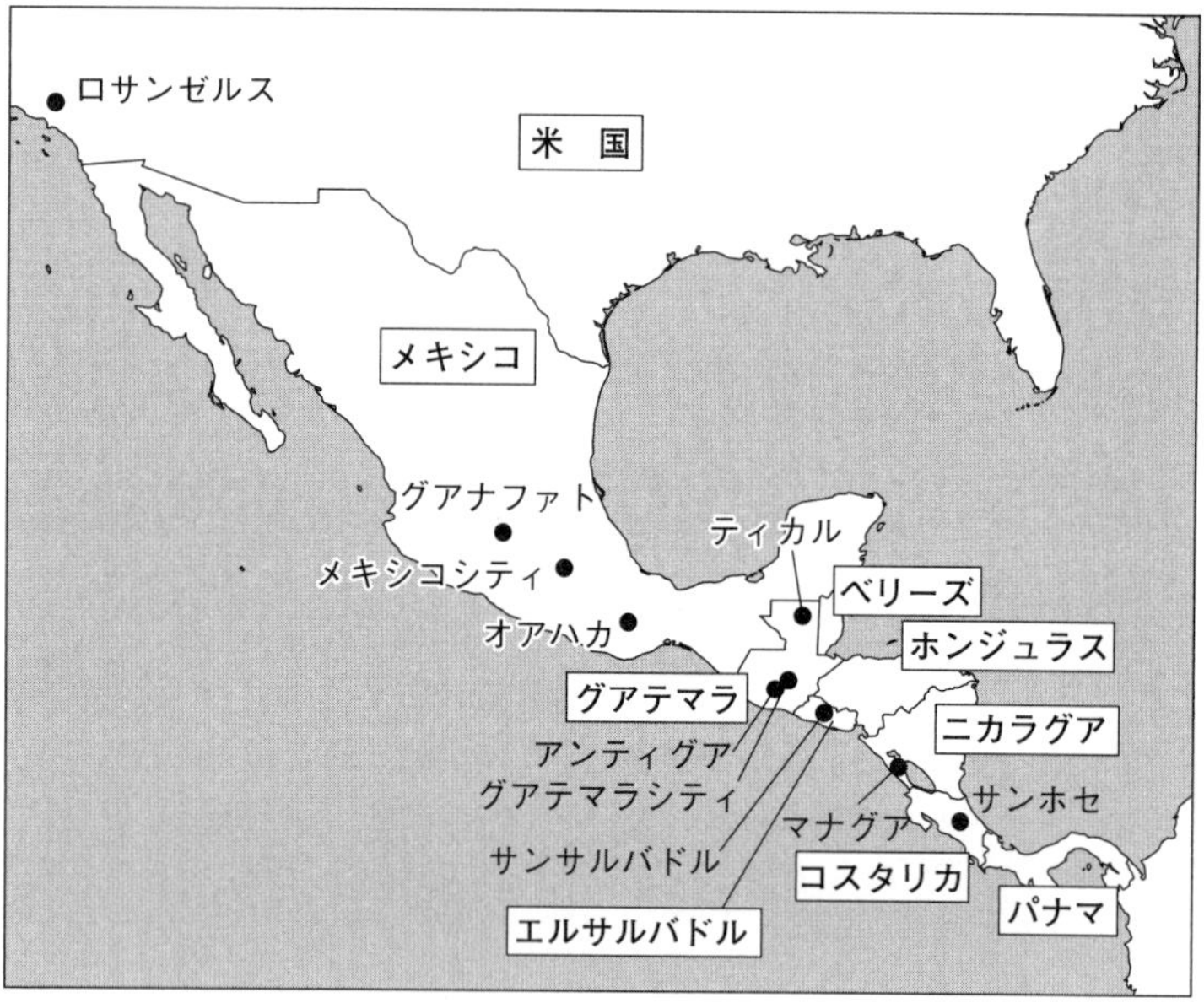

ロサンゼルス
米　国
メキシコ
グアナファト
メキシコシティ
オアハカ
ティカル
ベリーズ
ホンジュラス
グアテマラ
ニカラグア
アンティグア
グアテマラシティ
サンホセ
マナグア
サンサルバドル
コスタリカ
パナマ
エルサルバドル

2012年3月7日（水曜日）に上京後、9日（金曜日）からメキシコに行く予定でいた。

最初はひとりで行くつもりでいた。聴力が落ちて、人と直接話していても聞こえない場合が増え、誰かを誘って一緒に行くという習慣が根づいてしまい、どこに行くにも誰と行くかをまず考えてしまう。しかし、あまりクセになると他人への依存心がついてしまってよくない、と考えた。それで、一人旅の感覚を思い出すために、春休みはできるだけ長い期間をとってひとりで動いてみようと考えた。

ひとりで動き、途中馬の上で死ぬというのが理想だ、とかと以前どこかで書いたような気がする。最初の海外一人旅はラテンアメリカ縦断の旅だったが、その時、モンテーニュの「エセー」を持っていった。そこにそういうことが書いてあったと思う。私の場合、そういう旅にふさわしいところとしては、ラテンアメリカが一番である。

まず、バスが発達しているところが多い。バスに乗ってさえいれば、だいたいどこにでも行ける。これが馬がわりですね。

それから、スペイン語ないしポルトガル語で私の言いたいことは言える。

治安は、国によって違うが、外国人が動けないほど悪いところはそんなにはない。

こういうわけで、春休みにラテンアメリカに行くということはかなり前から考えていたのだが、具体的にどこに行くということはなかなか決まらなかった。どうしても決まらなければとりあえずメキシコに行こうと思っていた。メキシコならば、何度も行っているので気楽である。空港についてすぐバスで動いてもいいし、まあ何とかなる国です。

このほかに、3月24日（土曜日）と25日（日曜日）に鹿児島県東部の志布志《しぶし》に行くことは、前年から決まっていた。2011年に友人の田代和則弁護士が亡くなったのを知って、志布志のお寺に拝みに行ったが、一周忌にも出ることになったためである。志布志には、姉も行くこととなったので、東京から一緒に行って、私はその後鹿児島から沖縄に帰ることにした。

この年の春休みは3月8日頃から通して動けることが分かった。実は3月の中旬に大学の卒業式が入っているが、私は出ない年の方が多かった。ただ、大っぴらには動きにくいので、大学には無届けで行くことが多かった。

こうして動ける日が決まったので、娘に、中米に行くんだと話したところ、3月15日（木曜日）までなら動けるという。娘は論文執筆などで忙しいようで、一緒に行けるとは全然思ってもいなかったのでビックリした。実際に切符を買ったのは2月20日（月曜日）で、娘が知り合いの旅行社で買ってくれた。3月9日成田発で、帰りは22日成田着である。2週間のうち前半は娘と一緒にメキシコを動き、娘が日本に帰ってから行きたいところを決めて、そこに行くことにした。

こんな具合に早々と予定が決まったのは、私としては異例のことである。早く決めたので、メキシコシティへの切符もだいたい希望通りのものが買えた。アメリカン航空で、航空券代9万2000円、燃油サーチャージ等6万円、それに発券手数料を加えて往復15万8300円である。アメリカン航空にこだわったのは日本航空のマイルがたまることが一番大きい。

出発まで、1978年から79年にかけて私が行った初めてのラテンアメリカ一人旅の前半をまとめていた（後半は当時ノートが見つかっていなかった）。初めての海外一人旅だったので、最初の方は緊張してどうにもならない感じの文章ばかりだったが、だんだん調子があがるのを読んで感じて、意外だった。こんなに聞こえていたのかという驚きも感じた。内容を読むと、聞き取れるようになっていっていたとしか思えない。旅行をした当時私は29歳であったが、考え方などはどうであろうか。この年齢としては若いだろうか？　私自身は読んでいて、その後もそんなに変わってはいないと感じた。63歳になって貫禄がついたかというと、全然そんなことはなく、似たようなもので、相変わらずドタバタやっている感じだった。

最初の海外一人旅ではこの後グアテマラシティの下宿屋に滞在してからエルサルバドルに入り、当時ニカラグアの状態が険悪であったので、バスは無理と判断してコスタリカまで飛行機で飛んだ。そして、バスでパナマに入ってから、飛行機でコロンビアのメデジンに飛んで南米に入ったのである。

今回旅前半のノートを読み始めてから気づいたのは、メキシコの歴史についてほとんど何も知らないということである。それで、大垣貴志郎『物語　メキシコの歴史』（中公新書、2008年）を買ってきたのだが、例えば、マヤ文明とアステカ文明はどちらも遠い古代の同じ時代に栄えた文明というように考えていたのだが、実はバラバラな時代であることが第1章「文明の出合い」を読むと分かる（7頁以下）。

テオティワカンの遺跡はメキシコ高原の古代都市で、紀元前後から7世紀頃まで栄えていた。マヤの古典文明はユカタン半島からグアテマラあたりにかけて、紀元三世紀に始まり、9世紀頃に衰退期が到来した。アステカ帝国はメキシコ高原地域に、日本の室町時代である15世紀に栄えていた。

マヤ文明の遺跡としては、私は前にチチェン・イッツァを見たけれど、いつ頃の遺跡かなんて考えなかった。もともと遺跡にはそんなに興味はないと言えばそれまでだが、ごく基本的な時代認識ぐらい持っていないとまずいのではなかろうか。それでちょっとまとめてみた。

メキシコは、1810年から1821年までのスペインとの独立戦争の後独立したのだが、その後1910年からメキシコ革命が起こり、激しい戦いが10年以上続いたのである。つまり、ちょうどぴったり独立100周年の年に革命が起こったわけである。

革命の結果1929年に国民革命党が結成され、1946年には制度的革命党として再編されて2000年に至るまで政権党となった。制度的革命というのは、言葉からして反対の意味の言葉がくっついていて面白い。

メキシコを知るには最低限、独立後2000年に至るまでの概観は必要であろう。

私のようにあらかじめの知識がほぼゼロの場合、ざっと概観するにはWikipedia程度の分量が最適である。ちゃんとまとまった本はそれからの方がいい。

Wikipediaの「メキシコ」という項目の中の「歴史」のところが一番簡略な通史になっているので、

それを基本軸にして私なりにまとめてみる。

16世紀初頭の1519年にスペイン人エルナン・コルテスがメキシコに上陸した。コルテスら征服者達は、1521年にアステカ帝国を滅ぼした。

アステカを滅ぼした後、スペイン人達はこの地に「ヌエバ・エスパーニャ副王領（新スペイン）」を創設し、ペルー副王領と並ぶインディアス植民地を築いた。

1808年、ナポレオン・ボナパルトが兄のジョゼフをスペイン王ホセ一世として即位させた。それに反発するスペイン民衆の蜂起を契機としてスペイン独立戦争が始まると、インディアス植民地でも、1809年から1810年にかけて、キト、ラパス、サンティアゴ、カラカス、ボゴタ、ブエノスアイレスと各地でクリオージョ（植民地で生まれたスペイン系白人）達の蜂起が始まり、メキシコでも1810年9月15日にミゲル・イダルゴ神父らにより、スペイン打倒を叫ぶメキシコ独立の動きが始まった。

メキシコのクリオージョはペルーのクリオージョと同様に先住民大衆の反乱を恐れたため、独立運動には消極的だった。植民地時代にはスペイン出身者は全人口の1％に過ぎなかったのに政治的、経済的、軍事的、宗教的な権限を独占し、植民地人口の20％を占め、実権を握っていたクリオージョはスペイン出身者に屈辱感を強く抱き、権力交代の時を待っていた。スペイン本国で自由派が政権を握ると、1821年9月、保守派クリオージョを代表した独立の指導者アグスティン・デ・イトゥルビデがメキシコシティに入城し、反自由主義の立場から独立を宣言し、第一次メキシコ帝国が建国され、中央アメリカを併合した。9月16日は独立記念日となっている。しかしクリオージョたちは、支配権回復の機会を待ち望んではいたが、その先の社会変革は考えなかった。かくして独立後は混乱が続き、1823年には帝政が崩壊して連邦共和国となり、この時に中米連邦が独立した。

独立後は内戦による農業生産力の低下、鉱山の生産力低下、カウディージョ（独裁権を掌握した政治・軍事指導者）の群雄割拠、流通の混乱など問題が多発し、政治的には不安定な時代が続いた。

以上から、まず、独立の前に300年ほどのスペイン植民地時代があったこと、独立への動きはヨーロッパの動き、及び、他のラテンアメリカ諸地域と連動していたこと、そして、独立したと言ってもそれは社会変革を企図したものではなく、当時用いられた革命という言葉にはそのような意味を含んでいなかったことが分かる。

その結果、独立後もメキシコは政治的に不安定な時代が続くこととなったのであるが、さらに広大な領土の半分を米国に奪われた。

1835年コアウイラ・イ・テハス州に入植を認められたアングロサクソン系入植者が反乱を起こし、1836年にメキシコ領テハスはテキサス共和国として独立した。その後、米国が1845年にテキサスを併合した。1846年にはテキサスを巡り米国との間で米墨戦争が起きた。メキシコはメキシコシティを占領されて1848年に敗北し、テキサスのみならずカリフォルニアなどリオ・ブラーボ川以北の領土（いわゆるメキシコ割譲地）を喪失した。「天国に最も遠く、米国に最も近い国」という言葉は戦争後の両国関係を物語っているのである。

また、米墨戦争の直前の1846年1月1日にはユカタン州がメキシコから分離宣言を唱えた。この分離運動は翌年鎮圧されたが、この地域の先住民の抵抗は形を変えて鎮圧後も長く続いている。

1861年の米国における南北戦争勃発とともにフランス第二帝国のナポレオン三世がメキシコ出兵を開始し、1863年にはメキシコシティが陥落し、ナポレオン三世はオーストリア・ハンガリー帝国皇帝フランツ・ヨーゼフ一世の弟マクシミリアンをメキシコ皇帝として送り込み、フランスの傀儡政権である第二次メキシコ帝国が建国された。

このような状況の下でメキシコを改革したリーダーはメスティソ（白人と先住民との混血）のベニート・フアレスとポルフィリオ・ディアスで、このふたりはオアハカ州出身である。オアハカ州は先住民の生活色が色濃く残っている地域の一つとして知られている。

ベニート・フアレスは米国の支援を得て、フランス軍に対抗し、1866年に主権を取り戻した。これが「第二の独立」と言われ、フアレスは「建国の父」と言われる。しかし、これを契機に米国の影響力は高まった。

この隙を突いて1876年に、フランス干渉戦争の英雄ポルフィリオ・ディアスがクーデターを起こし、大統領に就任した。ディアスは30年以上にわたる強権的な独裁体制を敷き、外資が導入されて経済は拡大したものの、非民主的な政体は国内各地に不満を引き起こした。この時期には一見すると「平和と秩序と進歩」の空気がみなぎっていたが、融和は表面的なものであった。この国に安定した民主主義が定着しなかったのは、教会や保守主義者が寛容性を欠いていたといったような事情もあるが、一番根本的なことは、すべてを持つ少数者と何も持たない大衆とから社会が構成されていて、自由主義的な政策を支える中間層が存在しなかったということであろう。

かくして、1910年以降のメキシコ革命が始まった。パンチョ・ビージャ、エミリアーノ・サパタ、ベヌスティアーノ・カランサ、アルバロ・オブレゴンらの率いた革命軍は、路線の違いもありながらも最終的に政府軍を敗北させ、1917年に革命憲法が発布されたことで革命は終息した。革命は終わったものの指導者間の路線の対立からしばらく政情不安定な状態が続いた。1929年には国内のさまざまな革命勢力を一つにまとめ国民革命党が結成され、事実上の一党独裁体制が樹立された。

1934年に成立したラサロ・カルデナス政権は油田国有化事業や土地改革を行い、国内の経済構造は安定した。その後国民革命党は改組されて制度的革命党（PRI）となり、第二次世界大戦を挟んで一党独裁の下に国家の開発を進めた。

PRIは国内では一党独裁を進め、アメリカ合衆国や西側の資本により経済を拡大したが、その一方で外交面ではキューバなどのラテンアメリカ内の左翼政権との結びつきも強く、政策が矛盾した体制ながらも冷戦が終結した20世紀の終わりまで与党として政治を支配した。

また、20世紀の前半から中盤にかけては石油や銀の産出とその輸出が大きな富をもたらしたものの、それと同時に進んだ近代工業化の過程で莫大な対外負債を抱え、20世紀中盤に工業化には成功したものの、慢性的なインフレと富の一部富裕層への集中、さらには資源価格の暴落による経済危機など、現代に至るまで国民を苦しめる結果となった。

1994年に前述したチアパス州での蜂起があった後、2000年にPRIは蔓延する汚職や停滞する経済失策の責任などの責任を問われて総選挙で敗退し、国民行動党の勝利によって71年の独裁に終止符が打たれた。

今回の中米旅行中、たえず上記の、初めてのラテンアメリカ旅行のことを思い起こし、いろいろ比較しながら動いていた。というか、本をあんまりもってこなかったので、時々原稿を読み直して読んでいた。自分の書いた原稿を読むのは旅の調子を整えるのに効果があった。

今回の旅は、前半は娘と一緒で、娘の研究テーマである沖縄移民のことについて調べるということで、メキシコの沖縄県人会の会長等と会って、本当に意外なぐらい親しい関係がつくれて、そういう意味では前半も十分に「!」の旅であった。

後半は、娘と別れて一人旅で、ひとりになってから直ちにノートをつけ始めた。

一人になったから書き始めたというよりは、えっ、というようなことが初っぱなから続いたためで、実際、ノートは「!」で埋められていった。結果的には3月21日にメキシコシティからロサンゼルス経由の便に乗って予定通り帰国したのだが、それがちょっと信じられないような状態であった。

ではまず前半から。

3月9日（金曜日）、正午発のアメリカンで成田からダラスに向かい、ダラスに同日朝8時25分に着いた。日本との時差は15時間で、これはメキシコをはじめ中米と同じである。ダラスからさらに3時間飛んでメキシコシティに着いた。サンフェルナンド館という、日本人のためのホテルに落ち着いた。

WiFiが使えるというのでパソコンを出したら、運んでいるときに2段積みしたバッグが倒れたためか、電源ボタンが点灯した状態になっていて、WiFiもつながらない。これはショックだった。娘が再起動して、立ち上がりの時に再設定してくれたらつながるようにはなったが、電源ボタンのところがおかしくなっているのは間違いないようで、電源を入れてもまた切れたりした。

出発前からコンタクトを取っていたのは、ウチナー民間大使の大城悟氏である。インターネットでメールアドレスが分かったので、娘がコンタクトをとったところ、返事がもらえた。

大城さんからは、メキシコ沖縄県人会のことに詳しい人として古波蔵久美子さんという女性を紹介してもらっていた。

大城さんとは、メキシコシティに着いた当日公衆電話で連絡が取れた。大城さんによると、サンフェルナンド館周辺は大変危ないところで心配だ、とのことでビックリしてしまった。『地球の歩き方』の紹介からは、都心部にありながら静かな住宅街で落ち着いたところではないかと思っていたのだが。あとで大城さんに会ったとき聞いたら、このあたりは下町だそうである。イダルゴというメトロ駅のすぐそばにあって、周辺は小さな店や路上店で賑わっていた。ところが、夜になるとがらっと人がいなくなってしまう。そして、サンフェルナンド館が同名の公園や教会に隣接していることから、浮浪者等のたまり場になるということではないか。夜間は毎日パトカーが周辺を巡回していた。

大城さんがメキシコ観光という旅行社の社長であることは、メキシコに来てから分かった。そして、仕事が大変忙しい人らしく、日程調整した結果、娘が日本に帰る前日の3月13日の昼に会うことに決まった。

紹介してもらった古波蔵さんとは、当日は連絡がつかなかった。しかし、翌10日は土曜日で、琉球國祭り太鼓の練習があるらしいので、そこに出られれば沖縄県人会関係者とも会えるのではないかと思われた。

10日は午前中、地下鉄で人類学博物館に行った。中に入る前に古波蔵さんと公衆電話で連絡がついた。昼過ぎまで博物館をみた後ホテルに戻ってから、中心部からちょっと南方のビジャ・デ・コルテスというメトロの駅で古波蔵さんと会った。

古波蔵さんの車でちょっと走って、まず仲村エリアス沖縄県人会長が待っているところまで連れていかれ、その後、仲村会長の他に奥さんと娘さんふたりと一緒に車で琉球國祭り太鼓の練習場所に向かった。練習はかなり郊外の方にある、古波蔵さんの会社と思われるタイヤ販売会社の裏庭で行われていた。

我々が着いたとき、すでに20人ぐらい若い人が集まって太鼓の練習を始めていた。それをしばらく見学していたら、雨が降り出し、やがて雹が降ってきた。本当に氷の固まりが降ってきたのにはビックリした。気温が急に下がった。

太鼓は上手だった。指導していた女性は太極拳の先生だそうだ。

練習をだいぶん見学してから、タイヤ販売会社の事務所内でエリアスさんと話すうち、山入端民子さんというおばさんが来て話してくれた。山入端さんの長男の文博氏が前の県人会長である。われわれは、琉球新報社編『世界のウチナーンチュ　2』（ひるぎ社、1986年）に収録されているメキシコ関係の部分（屋良朝男記者取材）をコピーして持ってきていて、それを見ながらその後の30年近くの推移をいろいろきいた。通訳としてだと思うが、この場に、佐久本義生さんという人も来ていて、彼はメキシコシティの大学院で人類学を専攻していて、日本語の先生もしているらしいが、娘と小・中学校は同じで、自宅は那覇市松尾の私の家のすぐそばという。これには本当にまったくビックリしてしまった。いやあ、世界は狭い！

練習の後、和食店に集まって食事した。20名ぐらい集まって盛会だった。これだけたくさんの人々に会えたので、満足できた。終わってから、佐久本さんも一緒に会長の車で都心部をドライブして、サンフェルナンド館に夜中の12時前に帰ってきた。

当初、ホテルの予約は11日朝までで、その後バスでオアハカに行ってこようかと考えていたのだが、まだメキシコシティの見所を何も見ていない状態であるし、11日に仲村会長と会う約束ができたので、オアハカはやめ、サンフェルナンド館に14日朝までずっといることにした。

仲村会長が非常に積極的で、会計事務所の仕事の合間に自分でメキシコシティを案内したいということで、これは全く予想外で、ありがたく嬉しいことだった。会ったばかりの人なのに、ウチナーンチュというだけでこんなに親切にしてくれるものなのか。琉球國踊りの練習場に行くまでの間に、仲村さんは前年の世界のウチナーンチュ大会の時の沖縄の新聞を見せてくれて、それを見ると、仲村さんの娘さんの写真が載っていた。仲村さんたちもメキシコから39人だかで沖縄まで来て、参加したそうである。会長だけは沖縄県側から旅費が出たそうだが、他の人たちは自費である。

帰ってからちょっと寝て、目がさめた。私は、だんだんニカラグアに行く日が近づいてきたので『地球の歩き方』の中米をていねいに読み始めていたが、読んでみると非常に危ないところらしいのである。今回、ニカラグアのマナグアからグアテマラのグアテマラシティまで国際バスで動くことを旅のメインとして考えていたのだが、マナグアの国際バス会社がある周辺はとりわけ危険だということで、『地球の歩き方』を読めば読むほど心配になってきた。しかし、娘とも話し合って、どこもかしこも危ないというわけではないだろうからそこを避ければいいんじゃないか、ということで何とか気持ちは落ち着いた。

11日（日曜日）、サンフェルナンド館に前日着いたばかりの東京外大スペイン語科の福井さんという女子学生と一緒に、午前中ラテンアメリカタワーとソカロ横の国立宮殿に行った。宮殿ではディエゴ・リベラの壁画を見た。ここで、やはり同宿の名古屋から来ている男子学生に会って、ソカロ横のレストランで一緒に食べた。

夕方6時に仲村会長夫妻がサンフェルナンド館に迎えに来た。車で革命記念塔（新しく真ん中にエレベーターが出来ていた）、トロッキー博物館、ディエゴ・リベラの妻であったフリーダ・カーロの博物館（いずれも閉まっていた）を回ってから、レストラン街に連れて行ってくれた。チュロスをあちこちで売っていた。チョコレートのチュロスが有名で、パンのような、サーターアンダギー（沖縄の砂糖天ぷら）のような味だとか。

レストラン前で会長のお母さんと末の妹さんと一緒になる。会長たちは天理教だそうである。「モーレ」というメキシコ料理をごちそうになった。チキンライスタイプとタコスみたいなタイプのものがあり、私はタコスタイプのものを食べたが、独特な辛さだった。会長が好きだそうで、それをわれわれにも食べさせたかったのだろう。食後、閉店になるまで、お母さんから昔の話をきいた。最初はお母さんは、兄弟がたくさんいて全部は思い出せないとかと言っていたが、子どもたちの助けを借りて少しずつ思い出していった。面白い内容だったので、ちゃんと記録に残したらどうですか、と言ったら、佐久本さんがお母さんから話をきいてつくった記録がすでにあるらしい。

12日（月曜日）、9時半に仲村会長夫妻が来た。福井さんも一緒にテオティワカンに行く。12時過ぎまで見て回る。

テオティワカンはAD350年頃から750年頃の間に繁栄した都市で、人口20万人以上というのには驚いた。私は何度もメキシコに来ていたのに、観光というのをしないので、テオティワカンも初めてだった。広い敷地をていねいに歩いて回った。途中、会長の奥さんが準備してくれたサンドイッチを食べながら歩いた。

見物が終わってからまず会長さん宅に行き、ちょっと休憩した。1階は仕事場の会計事務所。2階でジュースを飲んだが、すごく機能的そうなキッチンがあった。それから、2人の娘さんの学校が終わるのを迎えに行ってから、メキシコ国立自治大学を見て、会長のお母さん宅にちょっと寄り、夕食が準備できるまでの間ソチミルコに行って、運河の船に乗ってきた。戻ってお母さん宅で夕食。帰りは激しい雨になっていた。7時半頃ホテルに戻る。

この日の昼間動いている間も依然として、娘が帰ってからの旅程について考えていた。ニカラグアに本当に行きたいのかどうか、なかなか結論が出なくて、全部キャンセルして帰ろうかと思ったりするところまでいったのだが、今から予定を動かすのは現実的ではない。確かにそんなに大げさに考えて決めたわけじゃなく、ニカラグアは、特に国際法なんかではよく出てくる国なので、どんなところか見ておきたいということがあって、あとグアテマラのアンティグアにも行ってみたかったので、二つをつないで旅程を作ったわけである。その間を国際バスの移動で埋める。今回いろいろ考えて眠れなくなったのは、最初はマナグアの治安が悪いということだったのだが、それについては前日考えたように、タクシー等を使って動けば大丈夫だろう。心配は1週間の間時間をもたせられるかということに移っていったのだが、これまで見れなかったところをみたいということだから楽しいことじゃないかな。それを楽しく感じないというなら、問題じゃないか。一人で動く自信がなくなってきていたが、動くこと自体についてはあんまり聴力は必要ないであろう。

13日（火曜日）、福井さんが7時半にタクシーを予約したのに来ないので、大通りまで一緒に行ってタクシーを見つけ、見送った。彼女はグアナファトのスペイン語学校に入り、同時にホームステイするそうだった。

われわれは、10時前に出て、まずチャプルテペック城に行く。その後、メトロのセビジャー駅まで行って、そこから歩いてレフォルマ大通りに面したメキシコ観光の大城悟さんを訪ねた。約束のちょうど12時に会社について、階段をのぼっていたら後ろから来た人が大城さんだった。濃い眉をみて、あっ、沖縄の顔だなと思った。

大城さんは久米島出身で1968年生まれだそうである。琉球大学が首里にあった頃に夜間部を出た。法経学部だそうで、以前琉球大学にそういう学部があったとは知らなかった。最初はJICAで働いていて、アルゼンチンにいたとのことだ。その後メキシコに来た。メキシコでは2004年に移民100年だったが、その後2009年に日墨交冊子をくれた。

流４００年の記念の年に開かれた行事にあわせて作られたもので、大城さんが編集し、沖縄県庁勤務のお兄さんとも協力し合って出来た冊子のようである。

大城さんはビジネスマン風の人ではないかと予想していた。そして、沖縄県人会の皆さんとは一線を画しているようにも仲村会長の話から感じていた。会って話をし始めたら、最初から本音で話してくれているのが分かった。形だけのウチナー民間大使というのでもない。

大城さんは、若い人が教育を受ける機会を作り、無理してでも人材を絶やさないことが必要という。日本メキシコ学院という完全に文科省基準に沿った学校があるそうだ。これは、私が南アフリカで見た日本人学校と同じようなものと思われる。

これと比較すると、仲村エリアス現会長などは、気持ちの上ではウチナーンチュ精神継承の意欲が非常に旺盛であるが、奥さんは日系の人ではないし、日本語はほとんどしゃべれない。佐久本さんから日本語を教えてもらっているようだが、家庭で日本語を使っていないのでちゃんとものにするのはなかなか難しいだろう。

大城さんは観光業ということもあり、中立の立場を守りたい気持ちがあるとのことだったが、それだけでなく、県人会で何をやるのが意味があることかについて、仲村さんなどとはかなり意見の違いがあるようだ。

メキシコには、ラテンアメリカ全体に共通する家族主義がある。家族の団結が強固である。この団結は大城さんに言わせれば他人を信用できないことから生まれている。とすれば、家族の団結を基調に県人会活動を展開すればネットワークは閉じていく方向になりはしないだろうか。そうなれば、家族の団結ということは社会関係資本という見地からはむしろマイナスの意味を持つ可能性もある。

これはラテンアメリカの国々が今に至るまで安定的な社会基盤をつくりきれないことともつながる。この点、ブラジルは下層階級の教育も保障し、国民国家的な基盤を整備する方向に動いている。メキシコはそういう点では後れをとっている感じがする。

私がニカラグアに行く理由についても大城さんからきかれた。大城さんの話では国境が問題で、現在ツアー等では国際バスを全く使っていないためあくまで伝聞だと断った上で、警察がいろいろ難癖つけてきて賄賂を取ろうとするのだという。警察は民衆の味方ではなく敵だ、ということであった。私が心配していたのはもっと悪い状態で、治安が悪くて、命の問題があるんじゃないかということだったが、それは大丈夫みたいで、話を聞いたらむしろ積極的に行って体験したくなった。生きて戻れたら報告しましょうと大城さんに冗談半分で約束した。

大城さんからはメキシコの印象もきかれた。私が以前チチェン・イッツァに行ったときに田舎が寂れている印象を持ったことを話したら、大城さんの話では田舎に人が少ないのは昔からで、最近はむしろ少しずつよくなっているそうだ。

メキシコにおける政治的なごたごたは今に至るまで続いている。この年7月の選挙で制度的革命党が再び勝ちそうな情勢といわれていた。

また、最近の話題として、自動車メーカーのマツダがこれからメキシコに工場をつくるというニュースは私も出発前にNHKテレビのニュースで知ったが、その工場はメキシコ中央部のグアダラハラにつくる予定だそうで、ビックリした。米国との国境付近につくり、米国向けの車をつくるのではないかと思っていたからである。規模も大きい話だし、今後の日本とメキシコ間の関係に影響を与えるのではないか。なお、帰国してから、朝日新聞2012年3月30日朝刊に「日本車工場メキシコ志向」(角田要)という記事が載った。この記事では、ホンダが「フィット」生産のために新工場をグアナファト州に建設するとあるが、マツダについても、同州サラマンカ市に新工場をつくる予定だとのことで、グアダラハラとは書かれていないので訂正しておく。

大城さんと別れてから、歩いてソナロッサ(Zona Rosa)という繁華街に行って中華料理を食べ、それからシウダデラ民芸市場に行く。お土産を買ってからホテルに戻った。買い忘れていたテキーラはイダルゴ駅のそばの雑貨店にあった。

出発準備後9時過ぎには寝たが、短時間で目がさめるということを繰り返し、午前1時半には娘も寝られないといって起きた。あとは、ふたりで雑談していた。今眠れない方が娘は日本に帰ってから時差ボケが出にくくなるのでかえっていいだろう。

14日(水曜日)、朝の3時半に県人会会長が来て、空港まで送ってくれた。全く信じられないぐらいに親切である。空港に着いたら、会長は最後に何かお願いするのでもなく、握手してさっと行ってしまった。鮮やかである。

娘はアラスカ航空カウンターで、私はラクサ航空カウンターでチェックインする。ラクサはコスタリカの会社である。

大変ショックなことに、サンホセ経由でマナグアに正午につく予定が、サンホセ、サンサルバドル経由とかわり、到着は午後3時を過ぎるのではないかと思われた。

出発ゲートは娘が31、私が30で隣だったので、一緒に座っておれた。娘が、

「お母さんが心配してくっつけてくれたのよ」

娘が先に31番のゲートに入っていった。

ここからが一人旅である。

3時間でサンホセ空港に着く。切符にサンサルバドル行きは11：20発と書かれていたが、これは搭乗時間だと分かり、そうすると、サンサルからマナグアの切符に13：25発とあるのも14：25発ということである。しかし、『地球の歩き方』の地図で距離を見ると、サンサル－マナグアはサンホセ－サンサルの半分ほどなので30分か40分で着くだろうと目算を立てた。

サンホセの空港はヨーロッパみたいだった。サンサルバドル行きの飛行機を待つ間に前日の大城氏の話をまとめた。

サンホセからサンサルバドルに着いて、マナグア行きに乗り換える。小さなプロペラの飛行機だった。隣に座ったのはサンフランシスコから来た米国の人で、白人ではなく中米出身だとか。私が

難聴だというと紙に書きながら話してくれて、職業は建築家（アーキテクト）だとのことであった。飛行機はジェット機のようにはスピードが出ず、マナグアに着いたのは4時になってからだった。

着いてから、まず20ドル両替した。400コルドバあまり来た。それから入国手続の際タックスを10ドル支払った。通関後、タクシーでTICAバス事務所に行く。交渉で20ドル。国際バス会社はいくつかあるが、もう夕方になってしまっていたので、ホテルも併設しているTICAバスに決めた。

受付で、今は予約できない、明朝4時に来なさいとのことで、というのはつまり、予約しなくても乗れるのでしょう。TICAバス事務所の奥のホテルに泊まる。確か14ドルだった。携帯は圏外だったがW・i・F・iがつながったので、娘にマナグア到着を伝えた。

暗くなるまでにマナグアの町をまわってみようと思い、TICAバス前にいたタクシーをチャーターした。10ドルということだったので、200コルドバ支払った。

一番見たかったのはロベルト・ウエンベスという名前の市場で、この市場のことは当時私の講義をとっていた大学院生に以前ニカラグアに住んでいた女性がいて、その人からきいて知ったのだが、もう終わってしまったようで、まず丘の上の展望のきくところに行った。高層のビルがほとんどなく、平ぺったい感じの町である。スペースは広く、人は少なく感じられた。

それからマナグア湖に出た。水の色は濁った感じだった。『地球の歩き方』にも、「その昔は美しかったと思われるこの湖も、今は環境汚染が進み、一説には約40トンの水銀性物質が周囲の工場から流されたといわれる」そうだ。湖に面して遊園地があり、結構人が来ていた。夫婦と子ども一人の家族連れからデジカメのシャッターを押してくれと頼まれた。

それから、ショッピングセンターとマクドナルドがあるところに出た。夕闇が迫って、急に暗くなっていった。バラックが集まったスラムのようなところも通った。とにかく何もない町だなあというのが感想である。もうちょっと回ったとしても、この印象はかわらないだろう。真っ暗になってTICAバス事務所に戻ってくると、事務所の入口はもう閉まってしまっていた。何しろ、明るい時間帯でも強盗が発生するという場所なのである。

とにかく食べものを確保しなければいけないので、TICAバスの斜め向かいの店で水とピザ2切れ、それから路上で売っていたマンゴーとミカンを買って、事務所の裏口から中に入れてもらい、部屋でパソコン打ちをしながら食べる。買ってきた食べものはおいしかったし、マナグアに無事着けた喜びで高揚感があった。この町の現状と比較して、WiFiが快適につながるのが、なんかちぐはぐに感じられた。早く寝て、途中2回ぐらい目がさめたが安眠熟睡できた。

15日(木曜日)、朝3時半に携帯の目覚ましで起きる。準備して事務所に行って、切符を買う。グアテマラシティまで通しで55ドルで、サンサルバドルで1泊して乗り継ぐようになっている。それぞれのバスの座席も指定されていた。

カフェーを飲みながらサンドイッチを食べてから5時に出発した。ホンジュラスとの国境まで集落は次々に出てきた。ホンジュラス入る前に、TICAバスの乗務員に、パスポート、税金申告書、それに8ドルを預けた。3時間あまりで国境に着いた。

国境での手続き代行の間、バスの外で待つ。両替屋がいたので、ニカラグアのお金のあまりをホンジュラスのお金に換え、バナナを2本買った。手続きのあと係官がバスに乗ってきたが特に問題はないようで簡単にすんだ。

ホンジュラスに入ったら馬が今も乗用に使われていた。ほこりがやたらに多かった。入国後も、途中で警官らしい人がバスの中に入ってきたが、やはり簡単に終わった。

2時間ぐらい走ってホンジュラスを出たところでパスポートは各自に返された。エルサルバドルに入ったところで、係官がバスに乗ってきて、チェックした。TICAバス側が作成した一覧表と照合していた。

エルサルバドルは入国のスタンプなしだった。グアテマラ、エルサルバドル、ニカラグア、ホンジュラス間では陸上での移動の場合、出入国スタンプが省略されるのだそうである。ただし、ホンジュラスについては政変があって、入国印、出国印ともにつけるようになっているようで、私のパスポートにもスタンプが押されている。

エルサルバドルに入ってすぐのところにあるガソリンスタンドでバスの給油と掃除をする間に、スタンド内のレストランで昼食を食べた。エルサルバドルは2001年1月より米ドルがそのまま通貨になっているので両替の必要がなく、旅行者としては便利ではある。

この後は、バスはまっすぐサンサルバドルまで走った。途中かなり寝ていたが、景色はいい。遠景に火山があり、絵はがき的な景色が多い。そして、人が多いことも感じた。

夕方4時頃TICAバスターミナルのあるサンカルロスホテルに着いて、ここに泊まる。WiFiがあると『地球の歩き方』には書いてあるのに、ない。携帯は、エルサルはドコモのパッケージサービスの範囲外とかでつながらない。それで、外に出て、まずインターネット屋を探した。サンカルロスホテルのすぐそばにグアルテル市場があり、そこにインターネット屋もあったのだが、もうじき閉店だそうで使えなかった。

市場では、まず、果物をいろいろ立ち食いした。その後夕食に食べられそうなものをあれこれ買って、エルサルバドルに入ったときに買ったハンバーガーとあわせて食べることにした。

グアルテル市場の周辺は道が狭く、人がいっぱいで、にぎわってはいたが、活気があるという感じでもなかった。バスなどいつの時代のものかと思わせる旧式のものだし、歩いていてタイムスリップした感じがした。1979年にグアテマラからサンサルバドルに着いたときは、今回の場所とは違い、たぶん一般のバスターミナル周辺で、広い大通りがあって、人があふれていた。イナゴのような人の群れが記憶に残っている。とにかく人が多いのは変わっていないらしい。

ホテルに戻って洗濯して、食べて寝て、起きてからパソコン打ちをした。ネットがつながらないので、この日は日本との連絡は取れないままになった。

16日（金曜日）、朝4時過ぎに起きて出発準備する。5時に下に行くともう人々が集まっていた。バスは定刻6時より20分も早く出発した。ちょうど朝8時に国境に着いた。

エルサルバドルからの出国検査のために係官がバスに乗り込んできたが、一部、非常にていねいに荷物を調べられた人がいた。麻薬関係かなと思う。これでかなり時間を食った。

グアテマラへの入国手続きはバスから降りて各自で手続きをした。この場に両替屋がいて最初50ドル両替し、これでは足りないかもしれないと思ってさらに20ドル両替した。あとでアンティグアに着いてから、旅行社の松本さんに両替してもらったときのレートは1ドルが7・6Q（ケツァル）である。だから1Qがだいたい10円の計算になる（これは日本円が両替できればの仮定の話で、実際にはこういうレートでは直接両替できない）。国境で両替したときの第1回目の正確な数字は分からないが、2回目の20両替の時90Q来たので、国境でのレートは1ドルが4・5Qで、半分ぐらいにしかならない。めちゃくちゃですね。グアテマラに入るとともに、携帯がつながるようになった。

昼過ぎの12時半頃にはバスはグアテマラシティ内に入ったと思われるが、渋滞がひどくて、TICAバスターミナルに着くまでに時間がかかった。

TICAバスターミナルから10ドルでアンティグアまで行くシャトルバスがあったので、それに乗った。他の白人旅行者も一緒に11人乗った中で、2人だけグアテマラシティ内のバスターミナルから地方へのバスに乗り継ぎ、残りは皆アンティグアに行った。現在グアテマラシティは危険で、旅行者が滞在するのに向かないのである。グアテマラシティからアンティグアまで車で1時間ほどである。

中央広場で降りてから歩いて、ペンション田代に午後3時頃着いた。石を敷いたでこぼこの道で、キャリーカートでは歩きにくかった。

田代さんのところに着いたらすぐにW・i・F・iの設定をしてもらい、メールを送った。それから、今回、メキシコからニカラグア、グアテマラを経てメキシコに戻るまでの中米旅行をセットしてもらったISTMOトラベルの松本さんのところに歩いて行って、精算してもらった。

松本さんのところから。市場を目指して歩いていった。碁盤の目のような市街地の東南角にある松本さんのところから西端にある市場まで30分ぐらいである。

時間の関係もあって適当な食堂が開いていなくて、とりあえずまずチキンの唐揚げを二つ食べた。10Q。おいしかったが、高いのか安いのかよく分からなかった。マンゴーを切ったのを1袋買って食べた。トマトとミカンを5つぐらいずつ買ったら3Qちょっとで、これは安いだろう。缶ビールは1缶10Qだった。

それからペンションに戻ろうとしたのだが、方角が分からなくなった。最初は山の方向が市場だなと思っていたら、3方向が山に囲まれているのだから目印にならない。だんだんくたびれてきて、三輪タクシーに乗ろうかと思ったがうまい具合に来ない。やがて町の名所にもなっている時計台が出てきてそれでやっと場所が確認できた。

歩きくたびれて戻ってきて、ペンション近くのハンバーガーショップでハンバーガーを食べた。

ハンバーガー自体はおいしかったのだが、角切りのポテトサラダはかたすぎてまずく、残した。35Q。これは高い気がした。

町の中を歩けるのもありがたいし、メールが安定して打てるのもありがたい。

17日(土曜日)、安眠できて、途中目がさめずに7時まで寝た。

交通権学会の報告について関西大学の先生からメールが届いていて、返事をした。この年の7月に交通権学会が沖縄国際大学で開かれる予定で、私も沖縄のバスと自転車について報告することになっていた。その概要をメールで送った。ちょうどメールが安定して打てる時でよかった。

ペンションは、朝食はないらしいので、市場に行ってチーズのサンドイッチとコーヒーを食べた。帰りにアグア火山の写った写真をとってから日本に送信した。

シャトルバスでアンティグアに来たときに、グアテマラシティにもメキシコシティと同じようなメトロバスが走っていることが分かった。交通権学会の発表でも使えるのではないかと思い、それを撮影しにグアテマラシティに行ってみようと思い、準備してから、まず、3階(屋上)の調理場に行ってみると旅行者がいたので話した。一人は私と同じ歳で、アラスカから来ていて、1カ月ほどスペイン語の勉強をしているそうである。

話をきくとグアテマラシティは危ないらしい。一人で行っても大丈夫か確認しようと思って1階にいた田代さんに相談すると、確かに危ないそうで、明日田代さんが車で連れて行ってくれることになった。往復で55ドル。これは車代というよりは安全代と言うべきだろう。田代さんから、メトロバスのことも載っているグアテマラシティの資料を見せてもらって読んだ。バス自体は安全だが、バスに乗る前と後が問題である。

グアテマラシティに行くのが日曜日になったので、この日の午後はアンティグアを歩いた。市場のそばのレストランで、アンティグア風の料理ということでタマネギと煮込んだ鶏肉（ポジョ・セボジャード）を食べた。45Q。安く感じた。それから民芸博物館に行ったら、私一人だけだった。その後歩いて、北東部にある十字架の丘に登る。これがかなりきつかった。登る途中の道にも警官が立っていた。アンティグアは安全と言っても、どこもかしこも警官という感じである。それで歩ける程度には安全になっている。

丘からおりて中央公園に向かう途中、織物を製作しながら売っている店があり、気に入ったものがあったので買った。37ドル。中央公園で、女性の乳房から水が出る噴水を見てから戻る。子どもたちがおそろいの帽子付きの衣服を着て歩いていたので、セマナサンタの行事があるのかと思って夕方もう一度出てみた。週末のせいか、暗くなってからも市場は開いていて、人でいっぱいだった。トウモロコシが4Q。おいしかった。中に白いどろどろしたものが入っているパイも4Q。市場はいい。町の中は広くて、すぐにはしっかり把握できない。4時に起きなければいけない日が月曜日から3連続で続くので早く寝ることにする。

18日(日曜日)、手持ちのケツァルが140ほどで、足りないとは思わないがちょっと余裕がない。で、朝起きてからまずは市場に行ってみたら、案の定、日曜日の朝で開いていない。しかし、散歩のつもりで市場前のところから中央公園の方に向かっていったらマックがあって、ちょうど7時から開店で、私はこの日第1号の客となった。

VISAカードは問題なく使えた。というより、暗証番号とか打ち込まないでも自動的に決済できるようになっている。カードで払える店が見つかってとにかく、ほっとした。

マックの朝食は、トルティジャとイモのポタージュ、卵にコーヒーでおいしかった。33Q。店は外からはマックと分からないような建物の中で、スペースは広く落ちついている。

朝9時に田代さんの運転で出発してグアテマラシティに行き、トランスメトロというメトロバスを撮影する。停留所にバスが来たところを撮ろうと、車を降りて道に立ったとき田代さんは周りを素早く見回して緊張した様子だった。やられるときはあっという間にやられるんだということだった。撮影していたら、停留所で警備していた警官から撮影するなと制止されたが、それまでにだいたい撮れた。

トランスメトロが導入されたのは、田代さんの話では3、4年ぐらい前で、渋滞解消ということと並んで治安の向上ということがあったそうである。各バスに警官が乗っているのである。町の至る所に警官が立っているし、警官の数は膨大で、彼らを雇うための予算額は莫大なものになるだろう。

トランスメトロの結節点になっているところまで行ってから、あと、以前滞在していたときに見た記憶がある中心部の大きな広場を回ってから戻った。

アンティグアに戻ってから、スーパーでも試したらVISAが使えた。パスポートが必要といわれ、持ってきていなかったのでダメかと思ったら、領収書に署名しなさいといわれてそれでOKだった。いい加減だなと思う。

スーパーで買ってきたヨーグルトを食べるため、食器の置いてある3階に行ったら、この前会ったアラスカから来たという人がいて、一緒に食べた。この方はこれまで原発労働者だったんだそうである。当時私と同じ63歳で、定年で辞めて自転車で旅行しているそうである。定年になったので年金が出ていて、それを引き出す形で資金補給しているという。これから私がやろうとしていることとそっくりだなと思った。この方も奥さんがガンで亡くなったそうで、子どもは2人、上が28歳だそうだから、この点も私と似ている。足は真っ黒に日焼けしていた。途中、野宿することもあるという。これまでこんな旅をしてきたのかというと、そんなことはないというので、楽しい、というより、自分を鍛えるみたいな、そんな感じの旅ではないだろうか、と私が述べたら、彼もうなずいていた。四国のお遍路さんを連想した。同行二人、というやつだろう。パナマからは船でコロンビアに渡り、これから年末までにフエゴ島まで行くのだそうである。

やがて上智大学大学院修士課程2年の女性も来た。メキシコに来て2週間いて、それからアンティグアにも2週間だそうだ。専攻は英語だそうである。

さらにもうひとり、この前会った人も来て、この方が日曜日でも開いている銀行があると教えてくれたので行ってみた。日曜日でも銀行が開いているのかと驚いたが、観光地のせいか、確かに中央公園に面したBanco Agromercantilという銀行が開いていた。50ドル以上でないと両替できないというので、別の銀行はないかときいたら、公園角のBanco Industrialを教えてくれて、ここで20ドル両替できた。パスポートをスキャンして物々しい。お客は私だけだった。やはり中央公園に面した場所に、クレジットカードのコーナーもあって、こちらでは旅行者が列を作って現金化していた。

ケツァルの現金を手にしたら強気になって、買い物でもしようと市場に行ってみたが、買いたいと思っていた料理用の鍋つまみはみつからなかった。

夕方6時に、さっき話した同宿の人と出て、日本人がやっているスペイン語学校に歩いていった。毎日曜日夕食会があり、誰でも参加できるということで誘ってもらったのである。行ってみたら、最初に20Q払って番号札をもらい、順番を待つようになっていた。魚の炒め物、ご飯、おつゆというメニューでおいしかったのだが、炒めるのが2人分ずつのようで、相当待たされた。待っているうちに、アラスカからの人もあとから来た。

3人で戻ってきて、スーパーを回ってから帰った。ペンションはスーパーと市場に近く、安くあげるには非常に便利な場所にある。

最初、松本さんに旅程を設定してもらったときに、アンティグアはセマナサンタの時期にかかって、ホテルも満室のところが多いようで、提示されたホテルが二つとも満室でダメで、さらに三つめを紹介されたのだが、1泊55ドルと、私としてはちょっとバカ高い値段で抵抗を感じた。それで、『地球の歩き方』に載っていたペンション田代で十分じゃないかと思われたので、自分でメールを送ってみたらすぐに決まったのである。

今回メキシコシティでも日本人用のペンションを利用したし、松山さんの話では、彼がキューバに行く前後に滞在したカンクンにも日本人経営のペンションが出来ているそうだ。こういう形の国際化って面白いなと思う。

19日(月曜日)は、松本さんのところでセットしてもらったティカルへの日帰りツアーが入っていた。朝4時にシャトルバスが迎えに来るはずが実際には4時20分頃来て、アンティグア内のホテルを回ってピックアップしてから、空港の国際線ターミナルとは別になっているTAGというベリーズの会社に行ってチェックインした。小さなプロペラ機で1時間飛んでフローレスについて、ツアー会社の車でティカルに向かう。

参加者は全員で7人で、その中に、アンティグアから一緒だった日本人女性がいて、彼女は私と同じように松本さんのところでセットした人だった。その他は、フランス、米国、コロンビア、グアテマラとさまざまなところから来ていた。

ガイドは若くて、高校の先生みたいな感じで、まじめにいろいろ説明してくれた。私はその説明が残念ながらほとんど聞き取れなくて、ただついていくだけだった。ガイドはエコにも大変詳しいようで、遺跡のことよりはまず、動植物についてていねいに説明しながら歩いていって、周辺部からだんだんといろんなピラミッドが出てきて、最後にグラン・プラサという大きな広場に出るという順で説明してくれた。

敷地が広くてたくさん歩いたし、急な石段も登って、テオティワカンよりも高いというⅣ号神殿を登ったときは頭がクラクラして、その後も2回ぐらいクラクラした。あんまり無理すると無事に帰れなくなりそうな感じだった。最後のグラン・プラサに面したノースアクロポリスあたりでは体力も限界という感じだった。

ティカルは紀元300～800年に大祭祀センターとして栄え、人口は少ないときでも1万人を超えていたという。現在Ⅳ号神殿から見晴らす風景は一面に樹海であり、どこにそんなに人が住めたのかと思われるし、食べ物もどうしていたのであろうか。当時人が住んでいた頃は、樹木はなかったのではないか。10世紀になって衰退期になって、放棄されてから樹木が繁茂するようになったのではないかと思われる。

2時頃ビジターセンター付近のレストランで昼食を食べ、その後3時頃ティカルを発って、4時半に空港に戻ったら、降りたのはわれわれ日本人2人だけだった。ティカルの周辺には他にも遺跡がたくさんあるので、他の人々は泊まりで翌日も遺跡を回るのだろう。

空港までの途中、台湾とグアテマラが技術協定を結んだという、両国の旗入りの大きな看板が立っていた。

5時発のTAG便でグアテマラシティに戻った。

一緒の日本人女性はこの日はグアテマラシティに泊まって、翌日日本に帰国だそうなので、私だけ出迎えのシャトルバスでアンティグアに戻った。彼女は、デルタ航空を使って、たぶんヒューストン経由でまっすぐグアテマラに来て、アンティグアの近郊にあるパナハッチェルという町などに行ったそうだ。しかし、スペイン語は全然分からないし、英語もそんなにできないそうで、ただ旅行が好きであちこち行っているとのことだった。ガイドの説明もあまり分からないそうで、私とふたりでだべりながらついていく形になったのだが、お陰で気分が楽で非常に助かった。私はやっぱり、まじめなツアーというのは疲れてかなわない。


夜はぐっすり眠れたが、早くから寝たので20日(火曜日)は朝2時半頃には目がさめた。4時に田代さんの車で空港に向かう。若いカップルも一緒だった。

国際線ターミナルに着いて、タカ航空にチェックインする。なんと、午後6時の便に変更になったというのだ。呆然とした。あとはもうメキシコを経て帰国するだけと思っていたのに。今回の旅で最大級の「!」だった。

空港で半日つぶすなんて不可能に近い。そして、予定便は飛ばないのではなくちゃんと定刻に飛ぶと表示が出ているのである。発展途上地域ではオーバーブッキングはしばしばあることなので、そのせいかなと推測した。

なんとか予定便に乗れないのかと質問すると、とても高くなるという。ビジネスクラスなりファーストクラスなりの代金を払ってでもここに半日いるよりはずっとましと思ったので、

「高くても払うから手続きをお願いします」

と言うと、別のカウンターに行くように指示された。そこにいた男性スタッフが新しいチケットを作りはじめたのだが、なかなかうまくできないようで、マネージャー格の男性スタッフに助けを求め、結局、そのマネージャー格の男性スタッフが新しいチケットをつくってくれたのである。代金は６２７・４０ドルで、ＶＩＳＡカードで決済した。空港の中に入ってから、飛行機に乗る前にＩＳＴＭＯトラベルの松本さんに携帯メールで状況を報告しておいた。満員になったのでファーストクラスかビジネスクラスになったのかと思ったのに、実際に乗ってみたらエコノミークラスである。そして、空席もあったので、意味が分からなくなった。

メキシコシティに着いて携帯をみたら松本さんから返信があり、予定通りの便に乗った訳なので追加料金も支払わずに乗れるはずとあり、「ＴＡＣＡ航空予約センターにも確認しましたが、夕方の便に振り替えるということはないとのことでした。６２７ドルはＴＡＣＡ航空のどなたに支払ったのでしょうか？　領収書とその担当者の方のお名前はありますか？　ＴＡＣＡ航空に抗議しますので、お知らせください。賄賂かもしれません。よろしくお願いいたします」とのことだった。

これではじめて、ちゃんと乗れたのに余計な金を払わされた可能性があることに気がついたので

ある。改めて渡された書類を見てみたら、日付を変更した代金128・80ドルと新たな切符代498・40ドルの合計627・20ということらしい（627・40というのはセントのところが計算違いではないか）が、日付を変更したわけではないし、そもそも乗れないというから払ったわけで、自発的に払ったわけでもない。

振り返ってカウンターの様子を思い浮かべてみたら、皆さん当然のように作業をしていた。私が予定通りの便に乗れるのに、乗れないと偽って、追加支払いをさせたのであれば、関係したカウンタースタッフ全員の共謀があったのではないかと思われた。そうだとすると、組織ぐるみの詐欺ということになる。私が外国人で、次の日程もあるから遅らせることはできず、追加支払いを選択するであろうというもくろみのもとに動いたのだろうか。そうだとすればまさに「想定外」の事態である。すごい。

私としては、とにかく予定の便に乗れたことに満足していた。もし乗れなかったらどうなっていたかと何度も考えてはゾッとした。

TA589便でサンサルバドルに行って、TA230便に乗り継いだ。TA589便は飛行時間が短く、あめ玉1個しか出なかったが、TA230便ではちゃんと食事が出ておいしかった。

午前11時頃メキシコシティに着いて、50ドル両替してからタクシー（といってもシャトル便みたいなの）でサンフェルナンド館に向かった。

途中、町の中の信号が全部消えていた。すぐあとで娘の携帯メールが届き、私が着いた頃にメキシコで大きな地震があったことが分かった。インターネットで検索してみたら、地震が起こったのは現地時間でこの日の午後0時2分（日本時間で21日午前3時2分）だそうだから、入国手続きをしていた頃である。私は地震があったとは全然気がつかなかった。マグニチュード7・4ということだが、メキシコシティ内で倒壊した建物とかも見かけなかった。

サンフェルナンド館に着いてチェックインしたら、受付の人は私が娘と二人で来ると思って、この前最後に娘といた7号室がとってくれてあった。この部屋は道路に面して窓があり、明るく、使い勝手がいいので、そのまま2人分払った。同時に、タクシーも予約して、翌朝3時50分に来てもらうことにした。

ちょっとメールをチェックしてから、近くのイダルゴ駅そばの食堂で食べる。スープがとてもおいしかった。それからビール、水、ジュース、パン等を買う。路上で売っていた目覚まし時計も買った。15ペソ。マナグアでは携帯が振動して起きることができたのに、その後、セットした時間になっても振動しなくなっているのに気がついたためである。いろいろやってみてもうまくいかないので目覚ましが一番確実だ。

サンフェルナンド館に戻ってからは外に出ないで、ビールを飲んでうたた寝したりしているうちに暗くなった。メキシコシティに戻って来ることができて非常に幸せな気持ちだった。ニカラグアからグアテマラまで動いて戻ってきてみたら、メキシコシティは格段に暮らしやすいところだと感じた。確かに夜は危ないかもしれないが、昼の人が歩いている時間帯なら普通に動いて大丈夫である。

夜9時頃に寝て、途中一度だけトイレに立った。目覚まし時計は、一晩で1時間も遅れてしまっていて使い物にならなかったのでくずかごに捨てた。中国製である。

21日（水曜日）、約束通り3時50分にタクシーが迎えに来た。タクシーといっても普通の軽タイプの車である。150ペソということだったが、200ペソ払った。

アラスカ航空でチェックインしてから余ったお金を400ペソ再両替したら、30ドルになった。再両替がちゃんとできることが確認できたので、メキシコでは多めに両替しても大丈夫である。

飛行機に乗ってからすぐ眠りはじめ、ちょっと目がさめたら7時半で、まだメキシコシティの空港である。なかなか飛び立たない。これだとロサンゼルスに着くのが遅れるかもしれないと思う。ロサンゼルスでの乗り換え時間は予定通りでも2時間10分しかないので大丈夫かなと心配になる。

ロサンゼルスに午前9時45分到着予定が、10時半頃着陸した（メキシコより1時間遅く日本より16時間遅い）。

成田への出発予定は11時55分。ところが着陸してからかなり長い間滑走路で動かないままだった。アラスカ航空の機内誌にロサンゼルス空港の案内図が載っていて、それを何度も見て空港のビルの配置はだいたい分かった。結局アラスカ航空機はeチケットに書かれている通り第6ターミナルに着いた。時間が限られていたので、小走りにイミグレーションに行って入国手続きをし、それから荷物をピックアップして税関を通り、預け直したところまではよかったのだが、出てからすぐのところにあるエスカレーターであがって、出発ターミナルに入ったらアメリカン航空の案内がない。つまり、第6ターミナルと、アメリカン航空の出発する第4ターミナルとは別になっているのである。それに気がついたので、一旦第6ターミナルから出て、本当に走りながら第5のデルタのところを通りすぎ、第4ターミナルに着いた。汗だらけだった。

出発階までエレベーターで行って、セキュリティチェックして中に入り、出発案内を見たらAA169便はファイナルコールと表示されていた。走って43番ゲートに行ったら間に合った。11時40分頃だった。後方の座席に行くと、他の人たちはもう全部座っていて、本当にぎりぎりだったのだと分かった。それにしても、アラスカ航空にも日本人らしい人たちが結構いたのだが、乗り継ぎは間に合ったんでしょうかね。ロサンゼルスまではアメリカン航空でなくアラスカ航空だったので、間に合っていなければその後の心配をしてくれたかどうか疑わしい。

実際に乗り継ぎをしてみて、乗り継ぎ時間が2時間10分しかないというのはちょっと短すぎると思う。今はロサンゼルス空港も巨大になっている。また、ターミナルビルが会社ごとに別々になっているのも利用者からみるとどうかと思う。東京に帰ってから娘が私に最初にきいたのも、乗り継ぎは大丈夫だったかということである。娘の場合も、メキシコシティの空港で遅延して遅れた。大急ぎで乗り継ぎ手続きをしたが、それでも遅刻して、もうだめかと思ったらアメリカン航空も遅延して、結局乗ってから1時間ぐらいたって出発したのだという。荷物の積み替えがあるから、それが終わるまでは飛べないであろう。

毎日こういうことが繰り返されているのではないかと推測する。トランジットなのになぜ米国への入国手続が必要なのかも、毎回理解に苦しむ。入国手続なしに空港内でゲートを移動するだけでいいようにすべきだろう。それだけでなく、米国の入国手続の際に係官の言動で不愉快な思いをすることが極めて多い。バカにしているのである。娘の友だちにも、米国だけは避けて通るようにしている人がいるそうだが、メキシコや中米だと現実的な選択として米国は通らざるを得ない。今回マナグアやグアテマラシティとメキシコシティ間はいずれも乗り換えなしでは行けなかった。これが、米国からだと直行で行ける。

成田への機内では朝日新聞の国際版が配られていて、久しぶりに読めた。

22日（木曜日）の午後3時50分頃成田に着いた。

メキシコや中米の空港ではインタージェットと書かれた飛行機を見た。インターネットでHPを出してみたらメキシコの格安会社で、メキシコ国内だけでなく、メキシコシティとグアテマラシティ間も毎日午後1往復飛んでいる。1カ月以上前に予約して往復で348ドルからとなっているので、非常に安い。機会があれば利用してみたい（参照：http://interjet.com.mx/Home.aspx?Culture=es-GT&Currency=USD）。

東京に戻った翌朝9時に、娘も一緒に新宿駅で松山さんと会った。松山さんも私と同じく3月22日にブラジルから帰国したのである。松山さんはロンドン経由だった。ネットで予約すれば結構安いチケットが買えるようである。今度南米に行く際は私もヨーロッパ経由にしようと決めた。米国経由はこりた。

松山さんと別れて、新宿の地下道を通って本屋に向かっているときに、歩行者の列を横切ろうとして男の人にぶつかった。どしん、どしんと二度ぶつかって、気がつくと、その人はなにやら私に向かってわめいている。雑踏の中で何を言っているのかよく分からず、適当にハイハイと返事をしていたらこの人はますます怒っている。とにかくぶつかったのは事実なので、ていねいに何度も頭を下げてわびた。娘が何か言っていた。そして、われわれのそばにもうひとり男の人が観客のようにして立っていて、まあ、まあというような仕草を繰り返していた。結局、おさまったようである。

あとで、娘から聞いたところでは、ぶつかった人は、

「おまえ何やっているんだよ。礼儀がないな」などと怒鳴った後、「おまえ何人だよ？」と言ったのだそうである。

私が曖昧な返事をしたので、

「やっぱり日本人じゃないんだな」

それに対して、娘が、

「耳が聞こえないんです。日本人です」

と言ったのだそうである。

ぶつかった人は、

「本当か」

と言って、最後まで私が日本人かどうかということにこだわっていたらしい。

傍らにいてみていた男性はぶつかった人に、なだめるような仕草をするだけでなく、

「大丈夫ですか」

と繰り返し言っていたのだそうで、これはぶつかった人の気をそらすのに効いたように思われた。こういう観客がうまい具合にいたのにもまたビックリした。ちょっと出来すぎじゃないだろうか。

娘があとで、私は「守られている」といったのにもうなずけた。日本にちゃんと戻って来れたのが不思議な感じがした。

私が日本人じゃなかったらどうなっていたのだろうか。在日外国人の人なんか大変じゃないだろうか。怖いところだなと思った。

私は中米から帰ったばかりで、すごく日焼けしていた。これまでのさまざまな経験からして、もともと私の動き方は日本人ではないんじゃないかと疑わせるようなものがあるようだが、今回は、見かけも日本人とは見えない感じだったのだろう。

東京から松本さんにグアテマラシティの空港で受け取った書類と領収証をスキャンして送った。

「TACA航空に返金交渉をしておりますが、まだ回答をいただいていない状況です。もう少々お待ちください。通常、TACA航空からの返金はかなり難しく、粘り強く返金手続を行わなければなりません。」(Tue, 27 Mar 2012 06:10:45 +0900 = 日本時間。以下同じ)

「現在、TACA航空に交渉中ですが、本日も明確な答えはいただけませんでした。毎日、プッシュしていきます。」(March 28, 2012 9:12 AM)

「本日もTACA航空のグアテマラシティの責任者と話したのですが、組原様の航空券は追加がかかるような航空券ではなく、予定通りの便でエコノミークラスでご搭乗できるものでした。3月20日に空港で応対したTACA航空の職員の名前はおぼえていらっしゃらないでしょうか？　名前がわかれば、当日、なぜ追加を徴収したか、対応した係員に問いただせるのですが。以上、よろしくお願いいたします。」(March 29, 2012 9:25 AM)

状況は先に書いた通りで、対応してくれた人の名前などは全然分からないと松本さんに返答した。

次に届いた松本さんのメールは以下の通りである。

「TACA航空に土曜日に行ってきて、責任者へ状況を説明し、組原様の件、どうしてそのようなことが起こったのか事実確認を行ってきました。責任者からの回答は下記の通りです。「当日の早朝の便はTACA航空のオーバーブッキングで、乗客には夕方の便でお願いしていたのは事実だそうです。どうしてもオリジナルの便に搭乗されたい場合は、同じエコノミークラスでも料金がアップしている席での搭乗をお薦めしたそうです。ビジネスクラスでもなかったのはそのためだそうです。」現在、TACAへはオーバーブッキングはTACA航空の責任なのだから、返金を要求しておりますが、組原様が支払ったという記録がTACA側のコンピュータには入っていないそうで、それが問題となっております。空港の当日の担当者もわからず、組織ぐるみの犯行かもしれません。引き続き、TACA航空をプッシュしていきますが、ご返金は難しい状況かもしれません。またご連絡させていただきます。」(2012/04/2 03:50)

TACA航空はオーバーブッキングがあったと認めたわけである。なぜ、この時期になって分かったのか分からない。実際に乗ってみたら、空席もあったので意味が分からない。

「空港でアテンドしたスタッフの名前が特定できずになかなか苦労しております。なぜ、席が空いているにもかかわらず、オーバーブッキングと案内したのかも不明です。引き続きTACA航空をプッシュしていきます。」(120403 6:07)

その後しばらく何もなかった後に松本さんから届いたメールによれば、今グアテマラはセマナサンタ(イースター)で祭日になっていて、航空会社もお休み中だそうで、週明けにまた「プッシュ」してみますとのことであった。

結局この件は、返金してもらうことができないまま終わった。

第6章　2013年野里さんの親戚訪問の旅

——クリチバ、ボリビア、サンパウロ

左　アンドレーさん コロニア・オキナワにて 2013 年9月 15 日撮影
右　田里友憲さんを囲んで左から野里寿子 さん、佐辺早苗 さん、娘、友憲さんの 5女
（サンパウロ近郊のスーパージャパンにて 2013 年 9 月 20 日撮影）

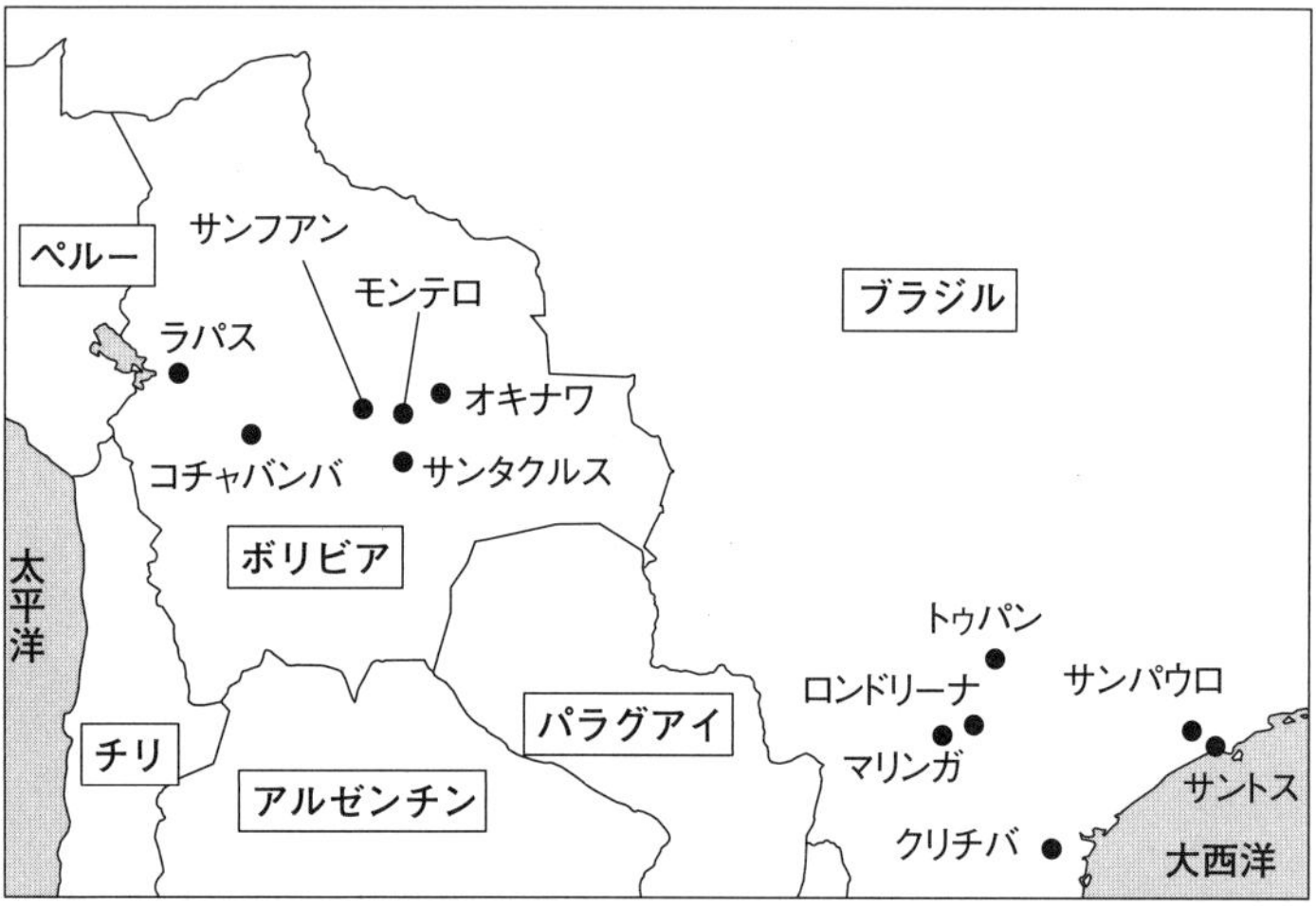
ペルー
サンフアン
モンテロ
ブラジル
ラパス
オキナワ
コチャバンバ
サンタクルス
ボリビア
太平洋
トゥパン
ロンドリーナ
サンパウロ
パラグアイ
チリ
マリンガ
サントス
アルゼンチン
クリチバ
大西洋

娘は博士論文のテーマをクリチバと関係させながら書くことに決め、そのためにもポルトガル語を習得したいということで、クリチバのパラナ連邦大学で半年間ポルトガル語を勉強しながら、研究を進めるということになり、2012年8月6日（月曜日）に成田からクリチバに向かった。

ところが、娘が出発した後の同月17日（金曜日）、胃カメラ検査の結果が出て、私は胃ガンであることが判明した。私は夏休み中に姉と一緒にブラジルに行って、娘の様子も見てこようと思っていたのだが、旅行は中止することに即時決断し、9月13日（木曜日）に那覇市立病院で手術を受けた。胃ガンは初期だったので、腹腔鏡手術で胃を3分の2切除した後、放射線や抗ガン剤等の治療はなかった。しかし体重は7キロ減り、普通に食べられるようになるまでに相当時間がかかった。それでもがんばって、2012年の年末に1週間ほどチェンマイに行けるほどまでに回復した。

娘は2013年2月22日（金曜日）、成田に帰ってきた。娘がブラジルに滞在中はSkypeでしばしばやりとりができて、遠くにいる気がしなかった。

私が那覇市立病院に入院するちょっと前、娘はSkypeで、娘の下宿を紹介してくれた島袋秀子さんという人のことを話してくれた。彼女は那覇市壺屋の重要文化財になっている家の娘だそうで、壺屋小学校4年の時（10歳）、移民でブラジルに来たそうである。お父さんとお母さんが離婚して、お母さんの親族たちとブラジルに来たらしい。秀子さんの夫はドイツ人だとのことだった。それで9月10日（月曜日）、野里さんも一緒に、秀子さんの親戚をさがして何軒かまわっていった。結局、壺屋自治会会長の島袋文雄氏に会って、そこで秀子さんたちがブラジルに行く前後の詳しい話をきけた。そして、秀子さんのお友達の石倉さんの店を教えてくれたので、そこに行くと、間違いなく秀子さんのお友達であった。石倉（旧姓島袋）トミ子さんで、写真も撮らせてもらえた。

娘が帰国してから、2013年7月15日（月曜日・海の日）、娘のほか野里さんも一緒に壺屋に行って、秀子さんの親戚やお友達を訪ね、ムービーで記録した。

そして2013年9月に、野里さんがブラジルのサンパウロとボリビアのコロニア・オキナワの親戚訪問をするのに娘と私も同行することとなった。ボリビア入国には黄熱病の予防接種証明書が必要とのことで、準備をした。ルートは、ルフトハンザを使ってドイツ経由で日本・ブラジル間を往復することにした。

野里さんも出発前夜から娘のアパート近くの調布のホテルに泊まったので、6日（金曜日）朝、一緒に空港バスで成田に行った。9時過ぎに着いて、野里さんが沖縄からあらかじめ空港に送ってあったお土産を受け取って、整理し直した。大きな旅行バッグ二つなのだからすごい。まるで商売しに行くみたいである。親戚がたくさんいるからねえ。結局大きなバッグ三つ（一つは娘のもの）と私と娘のバッグを1個ずつ預け、合計74キロほどだった。

その後私はTUTAYAで本を3冊買った。ブラジルポルトガル語の指さし本、村上春樹の新作、『ふしぎの国のアリス』（角川つばさ文庫）。指さしポルトガル語の本は、少し勘を取り戻そうと買ったのだが、野里さんがずっと読んでいた。村上春樹の本は、パラナ連邦大学日本語教室の東先生が村上ファンらしいので買った。実は、出発前の8月27日（火曜日）夜、クリチバに住んでいるパラナ連邦大学の女子学生が沖縄にやってきたのだが、この人が東先生に日本語を習ったのである。それで娘とも友達になった。交換留学制度を利用して、東京八王子の創価大学に来て、沖縄にもやってきたわけである。彼女の日本語はまだたどたどしいので、私はポルトガル語で話そうとしたが、全然口に出てこない。彼女の方は日本語の方が勉強になっていいのかもしれないが、私は少しでも勘を取り戻せたらと思って、翌日、本部の水族館を案内した時もできるだけポルトガル語を使うように意識した。9月4日（水曜日）夜にも彼女と会った。この日は彼女はドミトリーで一緒の中国人たちと座間味に行ってきたそうで、真っ黒に日焼けしていた。私がマウロ先生から習ったことわざを紙に書いて渡したら、知っているそうで、げらげら大笑いしていた。「犬畜生のような友を持つよりは、友情に厚い犬を持った方がましだ」

彼女は文学を専攻していて、日本文学では三島由紀夫、川端康成がいいのだそうだ。どういうふうにいいと思ったのか、まあ何とか推察できる。私の好きな深沢七郎を読んだらどう感じるだろうか。安部公房はどうかな。山口果林の『安部公房と私』という本が出たので、ミーハー趣味で買って読んだ。安部公房に愛人がいたとは知らなかった。山口果林は、自分にも自分の人生があるということでこの本を書いたようだが、安部公房という存在がとても大きかったんだということがよりいっそう感じられるような、そんな内容になっていた。それでも、彼女のヌード写真は美しい。

『ふしぎの国のアリス』は、『旅の深層』の副題「行き着くところが、行きたいところ」というのが載っている部分を探してみたくて買った。

どうせ時差が12時間のブラジルに行くので、時計は日本時間のままにした。隣には、ポルトガルにツアーで行くおばさんたちが座っていた。ルフトハンザ機は正確に12：40に出発し、夕方5時半頃ミュンヘンに着いた。ドイツは日本より7時間遅い。日本だと真夜中になる。眠かった。

3時間余り待って、夜の10時頃サンパウロ行きの便に搭乗した。乗るときに、ブラジルはビザが必要なのでそのチェックをする。パスポートに以前行ったときのビザが残っていて、それを見て無効だといわれて、最初は意味が分からなかった。

座席の後ろの方は空席がかなりあったが、移ろうかどうかと迷っている間に埋められてしまって、まだ旅の勘が戻っていないなと思った。私は、娘と野里さんとはちょっと離れた二人席で、隣はモレナ（混血）のブラジル人女性である。彼女のために、席を移ってあげればよかったかな、とちょっと思ったが、まあ、他人のために旅をしているわけじゃないから。こういう発想、というか他人の心配をあんまりしなくなっていくのが旅のペースになってきたということだと思った。心がだんだんのびのびしてきたのを感じた。

飛んでちょっとして食事になって、メニューが分からなかったので隣の女性と同じものにした。クスクスみたいなパスタで、トマト味。おいしかった。

眠気が取れたので、村上春樹の新作を読み出した。『色彩を持たない多崎つくると、彼の巡礼の年』という長い題であるが、最初の方で、その題の意味は全部分かる。すぐに東先生に差し上げてしまうことになるであろうから、どんどんとばし読みしていった。

青、赤、白、黒と色が名前に含まれた4人と主人公は若いときに5人グループを作っていた。名古屋である。で、彼だけ東京の大学に入ったのだが、入学後もつきあいが続いていたのに、ある時を境につきあいを断られた。なぜなのか理由が分からなかったが、その理由を突き止めようという気持ちにならないまま、若くはない年齢になった。彼と個人的に親しくなった女性が、最初に体を交えたときに、なぜか彼は心が離れているのではないかと感じ、それは、昔グループから外されたことと関係があるかもしれないから調べてみようと言い出した。それで主人公は順番にグループメンバーに会っていく。1人はすでに死んでいることも分かる。最後は、このように調べてみようと言い出した女性が、実は別の男性とも関係を持っているのを主人公はたまたま見てしまうのだが、彼女と結ばれることが彼が生きていくのに不可欠だと気がついたところで終わっている。

だいたいこんな筋書きである。大きな間違いはないと思う。読み終わるまでに1時間もかからなかった。とばし読みができる文章なんだなと感じた。初めて村上春樹のものを読む人には面白いかもしれない。しかし、これまで村上作品をいろいろ読んできた者からすると、以前のものと感じが似ていて新鮮味がない。

心の底に傷を抱えている人がいて、その傷が何なのかを探求する旅と冒険が行われるわけである。昔のあるときのことが震源地だと。これって、『ふしぎの国のアリス』とは逆さまなんですね。

アリスの場合はなんだか分からないけど穴に落ち込むのですよね。村上氏の今回の新作を読んで、これがノーベル文学賞候補になっている人の作品なのかと驚きを感じた。読んで、私の方が何か変わったという、そんなものが全然感じられなかったからである。もう村上春樹という人は見えてしまった感じがする。

今回体調はいいようだ。長く飛行機に乗っていると、これまでならお腹にガスがたまってきて何度もトイレでガス抜きをしたが、今回はほとんど出ない。

サンパウロには予定通り7日（土曜日）の朝5時半に着いた。

まず入国手続きのところで、娘は前回超過滞在したために科された罰金を支払った。107レアルだそうだ。1ドル両替すると2レアルぐらい来ていたので、50ドルぐらいである。超過滞在になった理由は、前回娘は旅行ビザでなく学生用のビザで入国して、滞在許可期間は6カ月だったのだが、その起算点を入国時としないで、クリチバの警察で外国人登録をした日とする間違いをやったため、ぎりぎりまで滞在したら何日か超過滞在することになってしまったのである。

この手続き後、ちょっとしてから荷物が出てきた。税関も申告するものなしの緑色の出口を通って出て、問題なかった。三つも大きなバッグをかかえていたのに、こんなに迅速に終わるとは予想外だった。

手続きが終わって出てから、まず、空港内の隅でバッグを開け、野里さんがクリチバに持っていく荷物だけを別にして振り分けた。その作業が終わってからちょっとして、野里さんの親戚がやって来た。今回野里さんが泊まろうとしていた親戚はちょうど旅行中で留守のため、お土産だけまだ会ったことのない親戚に預かってもらってからまずクリチバに行くことになったのである。娘が一番行きたい場所もクリチバなので、偶然ではあるがよかった。

空港内の喫茶店でコーヒーを飲み、コシーニャなどのスナックを食べながら話してから、サンパウロに残しておく荷物を来てくれた親戚の人に託し、われわれは、国内線のゴル（航空会社の一つ）でクリチバまでの便の搭乗手続きをした。行き先ごとに分かれていないチェックインで、いつも長い列を作って待たされる。今回もたくさん人が並んでいたが、30分ぐらいで順番が来た。

12時頃に着く予定だったのが大幅に遅れ、結局着いてから荷物を受け取って外に出たのは1時頃だった。山城さんとマツダノブテル・ルジーアさん夫妻が出迎えてくれた。山城さんは甥御さんを連れてきていた。

車に分乗してまず日系人会館に連れて行かれた。土曜日で、サッカーなどをやるために人がたくさん来ていた。われわれは「飲まん会」がやっていた食事会に入れてもらって一緒に食べた。この日はブラジルの独立記念日だということは後できいて知ったのだが、そのためにどの店もほとんど閉まっていた。だからここに連れてこられたのではないだろうか。

事情はよく分からないが、沖縄県系人ではない人々がむしろ積極的に話しかけてきてくれた。フイ・ハラさんというパラナ州議会議員も顔を見せて、野里さんがこのハラさんからデカセギの影響についていろいろきいていた。

娘が多くの人たちと顔なじみで、みんなから親しまれていることは非常に強く感じた。娘が途中電話で抜けたりすると、話が続かなくなり、シーンとなってしまうのである。娘が中に入ってくれないとどうにもならない感じだった。２００９年に来たときも、２０１０年に来たときもそんなふうには感じなかったのだが、やっぱりまとめて半年滞在すると違う。

それと、ちょうど前年私が胃ガンで手術をしたときに娘はクリチバにいたため、私が胃ガンになったということはみんな知っている。それで私の体調をおもんぱかって、話しかけないでくれているようでもあった。私が普通に食べ、ビールも飲めるのを見てびっくりされたようだった。

食事の後、沖縄県人会会長になっていたヒガエリオさんが車で市内をちょっと回ってくれた。エリオさんは最初植物園に行ってくれたのだが、車が一杯で中の駐車場に入れられず、結局、中心部にある別の公園に連れて行ってくれた。ここは池のまわりに小さめの動物たちが檻に入っていて、動物園みたいにもなっていた。人々がそれぞれにゆったりと楽しんでいる様子で、いい町だなとあらためて感じた。若い人たちが多い。子連れもカップルも多い。

夕方になって冷えてきた。ホテル・オオハラ（O'HARA）に行く。中心部にあって、どこに動くにも便利なのでここに決めた。以前私はフイ・ハラさんのやっているハラホテルに泊まっていたのだが、ホテル・オオハラもフイ・ハラさんの親戚のおばさんがやっている。前年娘は一時このホテルに滞在していて、勝手がよく分かっているようだった。実際に泊まってみて、野里さんは鍵が開かないとかで不満を伝えてきたので、部屋をかえてもらった。私は娘と一緒にツインをとったが、室内だとW i F iの感度がよくなくて、送受信に時間がかかりすぎる。娘のパソコンだとそもそもW i F iが使えなくて、全然ダメな状態だった。そういうことで、1泊後の8日（日曜日）朝、ハラホテルに移動しようかと考えて、荷物の整理もしたのだが、ロビーでパソコンを使ってみたら、そんなに悪くない状態で、娘のパソコンもネットにつなげることができた。野里さんも移動しなくてもいいという意見のようなので、このままいることにした。

ホテルの食堂で朝食の時、神戸に住んでいる建築家の人がいて、ブラジルの建築を訪ね歩いているとのことだった。クリチバからサルバドルへの直行便の飛行機の切符が手に入ったのでこの日の夕方行くそうだ。体に全然贅肉がなく、話した感じもまた同じような印象で、スタイルのある人だなと思った。

この日は昼に沖縄県人会の集まりがあった。11時半頃マツオさん夫妻が迎えに来てくれた。場所は中心部からだいぶん行った場所で、娘が下宿していたアラカキさんという家の近くである。10階余りあるビルの一番上の方の部屋で、着いてみるとわれわれはすでに集まっていた人々から迎えられた。30名ぐらい集まったようだった。知らない人も3分の1ぐらいはいたが、残りはだいたい知っていた。あるいはこちらが忘れていても向こうでおぼえていてくれた人もいた。5、6カ所ぐらいテーブルが置いてあってそのまわりに分散してまずは食事になった。私はマツダノブテルさんのいるところに座った。同じ机にはウエズ元会長や、壺屋出身の島袋秀子さんの夫であるドイツ人のエヴァウド・キルシュさんなどが座った。バイキング方式の食事で、部屋の奥に調理場があって、そこで肉を焼いたりしていた。ステーキ肉は非常にいい肉でおいしかった。ノブテルさんが勝手に持ってきて私の皿に置いてくれるので、いくら食べてもなくならないのだった。

一応みんなが食べ終わった頃に、どういう経緯でかよく分からないが、娘がマイクを持ってしゃべり出した。ポルトガル語と日本語のチャンポン。私はそれをきっかけにムービーを持ってテーブルを回って皆さんを順に撮影した。撮影していたら娘はまず野里さんを指名し、その後私を指名した。それで私はまず、前年娘がクリチバにいるときガンになって手術をしたためお礼を言いに行けなくなったことから話した。それから何を話そうという考えはなしに、目前にいる人たちに話しかける感じで、まず2008年から2009年にかけては会長はウエズさんだったことを述べた。2010年にクリチバに来たときは会長はマツオマリアさんにかわっていた。そして今回はヒガエリオさんである。2006年に県人会が出来るまではたのもし会があって、この会の会長はマツダノブテルさんだった。これらの人々の、県人会のあり方についての考え方は同じではなく相当幅がある。

マツダさんは、戦後2期6年間クリチバ市議会議員となり、パラナ州で初の日系議員であった。県人会が出来たとき会長に推されたのだが固辞した。マツダさんはウチナーンチュだけで集まってどうこうするという立場ではなく、活動もクリチバ市全体を視野に入れてのものだったからである。

2006年に日系人会とは別の沖縄県人会が出来て初代会長としてウエズさんが就任したのだ

が、県人会として独立した会館を持っていないこともあって、日系人会館で催し事もやってきていた。

その後会長になったマリアさんも基本的には同じような立場だと思うが、沖縄の独特の文化を継承するという点をより明瞭にしたいという方向で努力してきたように見えた。しかし、会員数も少ないし、踊りを指導できる人もサンパウロからよばないといけないなどハンデがあるうえ、会員のみんながそろってそういうことに興味を持っているのでもなかった。

そして、現会長のエリオさんだが、彼は会長になる前から沖縄の歴史に興味を持っていろいろ調べ、沖縄は日本と違うんだという考えが一番強い。独自の県人会館をつくりたいと提案して、通らなかったときいていた。エリオさんは日本語はほとんどダメである。言葉だけでなくコミュニケーションに問題があるというのが周囲の評価だった。

これぐらい違いがある人たちが県人会の運営に関わって来たのだが、今後どういう方向に進もうとしているのかと、いわば質問を投げる形で話し終えた。

私の話が影響したのかどうかはよく分からないのだが、この後まずウエズさんが話し、続いてマリアさんが話した。さらにマツダさんも話した。最後にエリオさんが話したときには、皆さんちゃんときいていないようで、エリオさんは無視されているんだなと私は感じた。

話してみて結果的に感じたのだが、今の沖縄の言論状況と似ている。今の沖縄は、基地問題とかあって本土から差別される状況は残っている、という方向での意見が強まって、琉球独立学会みたいなものも出来ている。名前を連ねていなくてもこの方向の考えに共感を持っているインテリは沖縄内に多いだろうと推察される。一方で、中国との間で尖閣列島の問題などが激化するという状況があり、こういう問題では沖縄の独自の立場というのは埋没してしまって表に出て来にくい。普通の人たちの考え方は、この両極端の間にある。歴史的、環境的な事情から沖縄の立場に独自のものがあることは否定できないが、さりとて沖縄が本土とは全然別にやっていけるかというと、特に経済的な面で無理がある。しかし、言論というのは過激な意見ほど表に出やすく目立つので、中間の多数意見を反映した考え方は中途半端だということになってしまいがちである。

話した後は、私はまたムービーを持って、会員の皆さんを撮影した。

ルジーアさんは3人の女性と一緒にいたが、うち2人は本土からの一世と三世だった。エヴァアウドさんはマツダさんと一緒に話していたが、私の理解した限りでは彼の意見は、ブラジルは多民族の国で、出自を問わないのだから、沖縄だからどうこうという考えに批判的なようだった。この会が開かれたビル内にエヴァアウドさんと秀子さん夫妻が住んでいることからすると、秀子さんは県人会活動に積極的に関与しているのかもしれない。それに対してエヴァアウドさんは距離を置いて眺めているのではないかと推察された。

いずれにせよ、クリチバの沖縄県人会が置かれている環境は沖縄とは全然違うので、沖縄と同じようにはならないだろう。やっぱり感じるのは、ブラジルはヨーロッパからの移民が主流になって出来た社会だから、通底には個人主義がしっかり存在している。個人個人の考えを抜きにしては進んでいかないし、それが多様であるため、まずは議論が必要になる。

それから、話しながら意識していたのは、3F主義ではいけないなということである。3Fというのは Food（食）、Fashion（衣）、Festival（祭り）などのいわゆる「伝統」であるが、県人会の活動がこれだけだと「光」の部分だけになり「影」を隠すことになると批判される。

会が終わってから、エヴァウドさん・秀子さん夫妻の住んでいるところに行った。そこで、野里さんが秀子さんに壺屋で調べたことを報告した。私が撮影したDVDもみた。しかし案の定、エヴァウドさんはあまり興味はないようだった。妙齢の娘さんが2人いるが、伝え聞いたところでは、子どもの頃両親の肌の色が違うということでいろいろあったそうだから、多民族の国といっても、個人レベルではそう簡単ではない。

その後、マツオさん夫妻にいったんホテルまで送ってもらってから、夜また迎えに来てもらって、マツオさん宅で食事をしながら話した。マツオさん夫妻は、私の話の内容にはだいたい同感のようだった。マツオさんたちは日本にも何度か来ているから、沖縄の空気というのは分かるだろう。そのほか、現在大学生でマリンガに住んでいる養子のショウイチ君の話などして、ホテルに引きあげたのがもう午前1時になってからだった。

9日（月曜日）は、午前中クリチバの中心部を散歩した。気温は32度と表示が出ていたが、そんなに暑く感じない。実際長袖の人もいる。

午後、東《あずま》先生、それに娘がこの前滞在していたときに親しかったらしい長村さんという女性とホテルで会い、すぐ近くのキロのレストランで食べながら話した。

東先生は、漢字の一字姓なので奄美からの移民ではないかと思っていた。きいてみたら三重県の伊勢だそうだ。三重はもともと移民は少ないところだそうで、三重とか静岡は、破門とか仕事に失敗して出てきた人が多いそうだ。「東」という名前は川があって、その向こうを「ひがし」、反対側を「あずま」といったのだとか。

長村さんは上智大学を出てサンパウロの日系新聞の記者をしている。すごく元気いっぱいで愉快な人だった。先日祖父が亡くなって、それで日本に帰ったときにクリチバに住んでいるというおばあさんを訪ねてくれないかと頼まれ、91歳になるそのおばあさんに会えたという話をしていた。

東先生と会った後、夕方バスターミナルまで歩いていって、11日のサンパウロまでの切符を買った。3人なので、タクシーで行こうと私が言ったら、歩いていけると娘が言うので歩いていった。かなりの距離があり、方向は間違っていないのだが、場所がハッキリとは分からないので、信号待ちのところで通りがかりの女性に尋ねたら、その人もちょうどバスターミナルに行くところだった。その女性は歯医者に通う都合でクリチバに出てきているということで、すでに成長した子どもたちがいるそうだが、とてもそんな歳には見えなくて、私はてっきり大学生ではないかと思った。娘の後をついて歩きながら、会話がよどみなく進んでいっているのに驚嘆した。とても私にはできない芸当である。

帰りはバスに乗ってみようじゃないかと私は提案したのだが、娘は、込んでいるのでずっと立っていなくてはならなくなるかもしれないから歩いた方がいいと言う。込んでいるというのはまず道で、今回クリチバに来て、自家用車が非常に増えたと思った。しかし、バスの利用者も減ってはいない。クリチバの市内バス乗り場はブースのようになっていて、鉄道と同じように料金を払ってから中に入って、バスが来たら乗るだけになっているのだが、そのブースの中が人で一杯である。バスの中も込んでいてたくさんの人が立っている。これで渋滞になると、確かにきつい。クリチバは渋滞のない町ということになっているが、それも限界と感じさせた。

この日の夜はマツダさんに招かれて、まずエビの専門店で一緒に食べた。それからマツダさん宅に行って、11時過ぎまで話した。ノブテルさんは前年、私が手術したのと同じ頃腸を手術したのだが元気そうである。ところが連絡を取り合っていた沖縄に住んでいるノブテルさんの甥が白血病になってしまった。どちら側も動けなくなったので、われわれがそれぞれの状況を伝えるということをしてきていた。その後、2015年2月8日、甥の山入端健伸さんは亡くなった。

10日(火曜日)は、秀子さんが野里さんに市内観光バスで回ろうと誘ったのにつきあった。山城さんと、娘さん夫婦も車2台で来た。秀子さんと山城さんが相談しながら動き方を決めていったのだが、やっぱり一番の問題は車の置き場所である。クリチバ市はコース内を5回乗り降りできるようになっているのだが、だいたい30分間隔でバスが走っているので、1時間ぐらいごとに見たいところを見物していくという形になる。車でどこかまず行って、車を置いてからバスに乗ろうということに決まって、まず植物園、次に公設市場に行って、市場内で食べて、ここからバスに乗っていった。見たのは、以前娘とふたりで来たときに回ったところと同じで、環境研究施設、劇場、そしてタングア公園である。暑くてのどがかわいたので、休み休み行くうちに夕方になり、最後は展望施設に来た。ここで山城さんとは別れて、秀子さんと展望台に登った。

上から見ると、高層ビルがヒトデのように線状に伸びていてそれらの間は住宅や公園になっているという基本的な形は変わっていないが、ビル街の厚みが増したように感じられた。やっぱりよくも悪くも大都会になっていっているんですね。

展望施設から観光バスの最後のチケットを使って中心部に戻ってきた。この日一日で、秀子さんと野里さんとは別れ難いような絆が出来たようで、いざお別れとなると涙、涙なのだった。

11日(水曜日)、朝9時発のバスでクリチバからサンパウロに行った。午後4時頃着いた。ホドビアリア(バスターミナル)に、この前日本から着いたときに出迎えてくれた島袋清治さんと、妹さんが出迎えてくれた。

野里さんは島袋さん宅に泊まり、われわれはリベルダージのホテルに泊まる予定にしていたのだが、この前日本から着いたときに整理した荷物が野里さんのものと娘のものがごっちゃになっていて、われわれもまず島袋さん宅に行くことになった。

サンパウロの渋滞は今に始まったことではないが、のろのろ運転で着いてみると島袋さん宅はガルーリョス空港の方向で、それならわれわれはガルーリョスのホテルに泊まった方が、明日ボリビアのサンタクルスに向かうのに都合がいい。そうと決まってから、島袋さんの娘さんがホテルを当たってくれたようで、イビスホテルの予約が取れた。イビスホテルには以前、娘と一緒に、ドイツのケルンで泊まったことがある。

泊まるホテルが決まったので、夕食もしてから行くことになった。この家に清治さんのお母さんが同居していて、97歳だそうで、今年の6月にカジマヤーのお祝いをやったばかりとのことである。沖縄の風習ではカジマヤーを祝ったら子どもにかえるのである。カジマヤーのお祝いの時の写真集は本のように綴じられていた。お母さんは大変しっかりしていた。立つとちょっと前屈みになるが、座ると姿勢がよくてしゃんとしていた。若いときは保母をしていたそうである。

それより心配なのは島袋さん自身で、ちょっと前怪我したそうで足の関節が痛そうである。座ると痛いようで、立っていた。怪我するまでは大変元気にやっていたそうなのだが、いったん怪我してみると立派な体格のため体重がネックになる。

話していたらやがて島袋さんの下の娘さんが帰ってきた。歯科医師だそうだ。男性的で、てきぱきしていた。この人がイビスホテルも予約してくれたのである。さらに上の娘さんも帰ってきて、こちらはマッサージ師で、毎日11時間も働いているそうだ。島袋さんの奥さんは理容師である。島袋さんの妹さんも島袋さん宅のすぐ近くに住んでいる。島袋さんのお母さんがこうして元気に長生きているのも、しっかりと家族に囲まれているからだろうと確信できた。

夕食後、娘さんふたりに車でホテルまで送ってもらった。ホテルのインターネットは快適だった。これからしばらくはネットともお別れだろうなと思った。


12日（木曜日）、ホテルのバスで空港に行き、野里さんと落ち合う。午前11時頃発のゴル便でボリビアのサンタクルスに午後1時頃着いた（サンパウロより1時間遅れ、日本より13時間遅れ）。空港には野里栄順さんの五男のウーゴさんと長女のマリコさんが出迎えてくれた。マリコさんとは、以前那覇の野里さん宅で会ったことがある。野里さんの夫の父親と栄順さんが兄弟になる。

ランドローバーでまずサンタクルス市内にある日系人会館に行って食事をした。朝定食がこの時間でも食べられるというのでそれにしたら、ご飯が柔らかくておいしかった。ここで作ったお米だそうだ。

その後、日系人会からそんなに離れていない沖縄県人会館の駐車場に車を置いてから、その前にあるチョビー旅行社に行った。チョビー旅行社は、前に来たときにも行った。オーナーは沖縄県人会の副会長だそうだが、その奥さんが応対してくれた。

たくさんの便が飛んでいて、日帰りでコチャバンバまで行くことは可能である。日程は、週末を考えていたのだが、土曜日に敬老会があるので金曜日にしてほしい、とウーゴさんが言うので、そのようにした。ということは、明日である。着いてからは、私は運転手つきの車をチャーターしたらいいのではないかと考えていたのだが、ガイドを雇って、タクシーを一日借りた方が安いといわれてそうする。ガイドも日本人女性を斡旋してくれて、そのガイドさんはなんと、われわれが会いたいと思っている野原さんという障害児施設運営者を知っているというのである。出来過ぎと思われた。

その後、沖縄県人会に行って挨拶した。以前のように井上さんと儀間さんがいたが、儀間さんのお姉さんがウーゴさんの奥さんなのだそうである。

事務局にあるパソコンを使わせてもらって、学文社の落合さんにメールした。コチャバンバの障害児施設のことは、『旅の深層』を編集してもらった落合さんに教えてもらったからである。

挨拶後、県人会からすぐのところにある市場を歩いた。活気がある。野里さんが運動靴を買った。品は豊富だった。韓国人のお店が並んでいるところがあって、ペットボトルに入ったアロエジュースを買って飲んだ。飲みやすい。この後、コロニア・オキナワに向かう。途中で真っ暗になった。

8時前頃野里栄順さん宅に着いた。栄順さんはマリコさんと一緒に那覇に来ていたので、会ったことがある。87歳。奥さんの照子さんは83歳。どちらも大宜味《おおぎみ》村出身である。

すぐにウーゴさんとマリコさんと一緒に近くのレストランに連れていかれる。そこで私はスープと牛ステーキを注文した。スープはおいしかったし、ステーキもかたくはなかった。ただ量が多い。ご飯は半分残した。

食後栄順さん宅に戻って、テーブルを囲んで話した。

栄順さん夫妻は5男1女である。琉球新報社編『世界のウチナーンチュ 3』(ひるぎ社、1986年)46頁に30年前の栄順さんが写真入りで載っている。そこに、農業大学で学んだ長男の克也さんに今後の仕事は任せると書かれている。次男は、そういうことでブラジルのパラナ州にある大学で建築を学び、サンタクルスで建築家の仕事をしているそうだ。栄順さんの家は大変立派で大きいのだが、それをこの次男が設計したという。中空が吹き抜けのようになっていて、透明ガラスで囲われているので、1階で誰がどこにいるかが見えるようになっている。後できいたら、電気はソーラーシステムになっていて、晴れていればそれだけでまかなえるらしい。

三男は今いなくて、五男はウーゴさんだということだから、

「四男はなにしているの?」

これはどうも自慢できない息子のようだ。今ここに住んでいるけど、学校にも行かなかったし、何もしていないという。日本にも長くデカセギに行っていたけど、ウーゴさんがいうにはだらしない生活ぶりだったらしい。自慢の息子よりこちらの方が面白そう。

「是非会ってみたいな」

そう言ったら、みんな笑った。四男は嫌われてはいないんだなと思った。

家はとても広い。今もいくつ部屋があるのか分からない。周囲は緑に囲まれている。

だが、インターネットは入っていない。テレビはNHKも入っているが、映りはよくない。孤立した場所という感じがした。

13日(金曜日)、4時頃起きて、5時頃出発。6時過ぎに空港に着く。ママゾナス航空にチェックインしてから、軽食店で朝食。それから中に入るところで、空港税が未払いと言われる。空港税がチケットとは別になっているのは最近では珍しい。

7時半に飛んで、8時過ぎにコチャバンバに着く。ガイドの左海さんという女性が迎えてくれる。町の中心部に向かう。車が渋滞している。明日が市の創立記念日(コチャバンバの日)だそうで、今日も行列とかあるそうだ。中心部にある野原さんのお店に行く。実のところ何の店かよく分からなかったが、飾り類が置かれていた。ここに野原さんがいた。野原さんを乗せて、障害者施設に向かう。

施設に着くまでに野原さんはずっと話し続けてくれた。これから行くのは重度の障害者施設。来年寄付をもらいに日本を回る予定で、沖縄にも行く予定とのこと。沖縄からの先生たちがこちらを訪問したそうだ。国の障害者援助がなく、受け取れるのは食べ物ぐらいだが、受け取るのは大変で、畑でまかなっている。アヒル、ブタ、ニワトリ、ウサギ、食用モルモット、野菜等、そういったものでどうにかこうにかやりくりしている。

日本の拠点は北九州だそうである。エルピス会といって、希望という意味だそうである。寄付も、物だと送るのに時間もお金もかかる。寄付なら現金の方が有り難いという。

野原さん自身は15歳でシスターになって最初はペルーにいた。ボリビアではサンタクルスにも住んでいた。

現在の施設は入所者25人、職員は16人。24時間、365日休みなく、1年間に1000万円ぐらいかかるそうだ。障害児の捨て子が多い事情も話してくれた。社会問題が背景にある。だいたいこんな説明だった。その他にも走りながら、いろんな説明をしてくれた。

コチャバンバには20人ぐらい日本人が住んでいる。四世とか、日系人は100人ぐらいいるんじゃないかとのことで、日系人会をつくろうとしているとのことだ。

町を走っている車は古い車が多い。日本からそのまま持ってきて、日本語が書き込まれたままの車も多い。前年ぐらいから中国車や韓国車も入るようになったそうである。

コチャバンバの日で家々に旗が立てられている。旗を立てないと罰金だとか。

コチャバンバは盆地で、周囲が山に囲まれている。緩い坂道を登るようにしていって施設に着いた。そこを見学する。子どもたちが絵を描いたりしていた。指導の先生もガス爆発で両手がなくなった人だった。

子どもたちの一部が、イエズス会の施設に行っているということで、そこにも車で行った。そこでは動物療法といって、馬に障害のある子を乗せて体を柔らかくしていた。娘がそこにいた女の子の一人にまとわりつかれていた。

ここで野原さんとお別れしたが、野里さんと相談して、あわせて100ドル寄付した。会ってみて、野原さんは迷いなく進むタイプの人だと思った。やっていること、言っていることはまともだし、別に問題はないのだが、だから協力しようとか、一緒に何かしたいという気持ちには私はならなかった。というより、こういう活動を始めると途中でやめるということはできなくなる。よっぽどの覚悟がないとできないだろう。だからこそ宗教関係の団体が関与することになるわけでしょう。その後、ガイドの左海さんと中心部の定食屋で昼食を食べた。スペインと同じで、昼食がメインだそうである。

左海さんはＪＩＣＡの村落開発委員としてボリビアに来た。関係づくりをして、そろそろ区切りがついたと思ったら2年たっていたという。現在、結婚して3歳の子がいるそうだ。子どもの教育を考えたりすると、日本に帰ろうかと考えたりしているという。

食事中にインディオの着物を着た女性が入ってきて物乞いした。われわれは1Bs.（ボリビアーノ）（1ドルが6.9Bs.）出した。店の人が追い出そうとしたのだが、食事をしていた現地の人らしい女性が、自分が払うから食べさせろといって、同じテーブルに座らせて食事させた。インディオ姿の女性は、ちゃんと落ちついて食事していた。こういう情景は初めてみた。

食後コーヒーを注文したのだが、ないというので、マテ茶を飲んだ。左海さんの解説では、マテ茶というのもいろいろ種類があって、コカとカモミール（マンサニリャ）、アニスをブレンドしたものをtrimateというのだそうで、それを飲んだのだが、コカだけでも売っている。コカは高山病やお腹にいいそうである。

こちらのスペイン語はきれいだから、勉強するにはいい場所だと左海さんは言っていた。

店を出てからおみやげ屋をまわり、それから丘の上のキリスト像を見にいった。ここから町を一望できるが、どの方向にも町が広がっているので、かえって形がつかめなくなった。こんなに広い町だとは思わなかった。

下に降りてから、ポルターレス宮殿という、今は博物館になっている大富豪のヨーロッパ風の邸宅をみてから、カンチャ野外市場の中を駆け足に近いスピードで通り抜けた。巨大な市場で、ものすごい人混みだった。コカの葉も売っていた。

これで観光を終えて、空港に行き、左海さんと別れた。

サンタクルスに戻る飛行機は午後7時発の予定が1時間ぐらい遅れた。9時頃着いたらウーゴさんとマリコさんが出迎えてくれた。コロニア・オキナワに着いたのがもう10時頃になっていた。ポジョ（鶏肉）の弁当が用意してあり、それを半分ぐらい食べてからゆっくり雑談した。ウーゴさん、マリコさんのほか長男の克也さん、それにお母さんの照子さんまで出てきて、主に農業の話しをした。

皆さんの一番の関心は、やっぱり、大土地を今のまま維持できるかということである。現在のボリビア政府は社会主義政権で、大土地所有者の存在を歓迎していない。それで、農地改革をして貧乏人にわけたいというのが表向きの方向性である。

ボリビアは西部がアンデス山脈の高地、東部がサンタクルスを中心とする低地で、両地域は全然違う。実際東部の分離運動があり、そこが反政府運動の地域とダブっているし、米国が肩入れしている地域でもある。そういう地域の中にコロニア・オキナワもコロニア・サンフアンもあり、大土地所有の農業が展開されている。高地から流れてきたボリビア人が農業労働者となって働いている。

じゃ、農地改革が行われて、大土地所有者の土地が接収されるのかというと、少なくとも現在までそういう事態は起こっていないようだ。ウーゴさんたちがいうのは、農業労働者に土地をわけても、ちゃんと経営できないから、もたないと。それで、ちゃんと税金を納めてくれれば大土地保有も容認するということのようである。コロニア・オキナワの農牧総合協同組合をカイコ（CAICO）といい、コロニア・サンフアンのそれをカイシ（CAISY）といっているが、このような組合はボリビア人にはできないとウーゴさんは言う。そして、ラパスやスクレから組合を視察に来るそうだ。

農業のやり方は米国のレベルとかわらないともウーゴさんは言う。ボリビアは保障（保険）がないだけで、その保険がほしい、と。ただしキヌアにはあるそうだ。キヌアというのはWikipediaによるとボリビアなどで栽培されている雑穀のようである。保険というのは国の生産費補償のことではないだろうか。

栄順さんから受け継いだ克也さんの畑が2600ha、ウーゴさんの畑が1300haだそうだ。ウーゴさんは1984年から5～6年日本にデカセギに行って、ホンダの下請け会社などで働いた。そうして貯めたお金で畑を買ったようだ。このような規模の農業だから米国式の機械農業になるのは当然である。しかしそれと、農協をつくったりすることとはちょっと話が違う。

日本の場合、基本的に土地が狭く、そして水田の水を共同で使う必要があったからまとめる組織も必要だった。狭い土地で生産性を高めるためにいろいろ工夫した。それが日本の技術力の背景にあった。

CAICOのような組織は、日本の伝統的な農業組織とは背景を異にしていると思う。共同で何かやるにしても、農業に限った組織となるのではないだろうか。

中国でも、いったんは日本のような農地改革をしたのだが、生産を維持できない人たちが多数出て、そういうことから国有化が進展した。しかしそれでは生産性が高まらず、結局個人請負制になってしまい現在に至っている。だから、国有化して平等にやらせてもダメだ、という話を私がしたら、お母さんの照子さんが大きくうなずいていた。

遺伝子組み換え（GM）種子についてウーゴさんにきいてみた。現政権は導入に反対しているそうだが、裏では、米国、アルゼンチンから入ってきているそうである。ブラジルにも入っているが、入ってから長くないとのことだった。コストが高くなってきて、導入しないとつぶれて世界についていけなくなるという。ということは、今後ボリビアにもGM種子が入っていくということなのだろうか。日本政府がボリビアに無農薬大豆の栽培を依頼したが、コストが高くなってダメになったとか。

コロニア・オキナワの場合、土地がいいので、肥料はブラジルやアルゼンチンのように入れる必要はないそうだ。コロニア・サンフアンと比べてもいいそうである。川の魚も違っていて、オキナワの方がおいしいという。地下水は質がよく、そのまま飲み水にもできる。塩分は含まれていない。実際飲んでみたら味があって、ボトル入りのミネラルウォーターよりおいしいぐらいだし、下痢もしなかった。

コロニア・オキナワは第一、第二、第三に分かれているが、克也さんやウーゴさんの農地がある第一の場合ボリビア人が多い。日系人1000人(100家族)に対してボリビア人6000人。仲良くはしているというが、どうだろうか。今後問題が起こるとすれば、国有化ということよりはむしろ、オキナワという自治体の内部から発生する問題ではないだろうか。

14日(土曜日)の午前中、ウーゴさんの案内でサンフアンに行った。この前は、道路が封鎖されていて行けなかったので初めてである。オキナワはサンタクルスの東方になるのに対して、サンフアンは西方になり、コチャバンバ県に近い。そのため、オキナワからサンフアンまでは思った以上に遠かった。

それだけでなく、サンフアンとオキナワとの交流は親密ではないようで、結婚で行った人以外ウチナーンチュはいないそうだ。

作っているものも、ウーゴさんによると、サンフアンはもともと米作りと養鶏が中心だったそうである。つまり日本式なんですね。

サンファンのお店などがあるところに着いて、店の前に立っている男の人がウーゴさんの知り合いで、長崎県出身の人だった。われわれに対する目つきは、おまえら何しに来たんだとさぐるような感じで、オキナワとは空気が全然違う。私も娘もちょっと緊張してしまった。長崎県出身者だったのは偶然ではなく、サンファンで一番多いのは同県の出身者で、半分近くにまでなる。あと、福岡、北海道、高知、熊本の順である。九州の出身者は炭坑が廃坑になって来た人たちが多い。上野英信氏の本をみれば分かる。北海道の人というのはもともと東北の人が北海道に移住して、その後サンファンに来たということのようである。

このおじさんの話では、現在日本人は、ここから出たり帰国したりしてだいぶん減ってきているそうだ。理由は、農薬が今非常に高くなっていること、それから気候が変わって昔みたいに雨が降らなくなったこと、水に病気があって水田がうまくいかないことなどである。

そんな話をきいているところに、池田さんというウーゴさんの友達がたまたまこの店にやって来た。池田さんはこれから仕事に行く前にちょっと店に寄ったらわれわれにつかまってしまって、ずっとつきあってくれた。彼は親がJICAでオキナワに住んでいた関係でウーゴさんと友達になった。池田さんの話では、サンファンは各都道府県から来ていたのでまとまるのが大変で、例えば結婚式は県別に別々にやったりしていたらしい。

土曜日で施設は閉まっていたが、博物館で資料をみることができた。

さらに、池田さんが連絡を取ってくれたようで、CAISY総支配人の近藤勇氏の話をきくことができた。

サンフアンへの入植は1955年に「西川移民」と称される87人が入植後、57年から計画移民がはじまり、93年までに302家族（1684人）が入植した。したがって全部戦後移民である。現在は240〜250家族ぐらいである。所有面積は平均約290haであるが、最初は50haずつもらった。細長い湿地帯でヘビやアナコンダ、ワニなどがいた。米と並んで養鶏をやったのはお金が入るからである。その他にスイカ、パイン、パパイア、ポンカン、ライム、マカダミアナッツ、大豆など100種類以上の作物が作られていて、多角・複合経営に力を入れている。

現政権になって賃金は3倍に上がった。そのため小農民に太刀打ちできなくなって、集約農業で収益を上げることが必要になっている。

当初のジャングルを700ha残してありますよ、とのことで、話の後、実際にその原生林に入らせてくれた。


サンフアンを見た後、まっすぐオキナワに戻った。もう午後2時前になっていた。栄順さん宅にはブタの丸焼きが用意されていた。

「こういうの食べたことありますか」

「フィリピンのダバオで幼稚園の運営をやっていたので、卒園式の後やクリスマスの時には私が準備させられて、食べてましたよ。レチョンといっていた。肉より、外側の皮がカリカリに焼けてせんべいみたいになっていて、そこが一番おいしいってみんな言っていた」

肉は柔らかく、おいしかった。焼き上げるのに4時間ぐらいもかけたそうだ。

肉をさばいている太った男の人がいて、これが四男さんだった。われわれの方にやって来たので、きいてみると、名前はアンドレー＝トミヒコというのだそうだ。

「立派な名前だねえ」

と、野里さんが言う。

「名古屋ではトミーと呼ばれてた」

「ヤクザみたいさー」

「名古屋にはボリビア人たくさん、多いよ」

3年間は栃木でウーゴさんと一緒にデカセギしていた。

私は何か、四男さんは障害者のような状態だろうと勝手に想像していたら、ちゃんと普通に話ができるのだった。そして、栄順さん宅のそばにある家で一人で暮らしているのである。ゴーヤチャンプルーとか炒めご飯（ジューシーメー）を作って食べてるとか。

ほかに次男さんもサンタクルスから来て座っていた。アンヘルさん。この人が、この家を設計した自慢の息子だった。当時まだ沖縄には行ったことがなかった。無駄口は全然たたかない人で、べらべらしゃべり続けるアンドレーさんとは好対照だった。

いつの間にか栄順さんも台所の方の机からこちらにやってきて、兄弟たちもアンドレーさんのまわりにみんな集まった。彼がしゃべるたびにみんなが笑うのである。面白い。

夕方5時から敬老会があるそうだ。80歳以上がお祝いの対象である。

「行かないといけないんだろうな。ひげをそってくる」

と言って栄順さんが立ち上がって向こうに行ったが、ひげはそらないままにまたすぐ戻ってきたのでみんな笑った。何をやる予定だったのかすぐに忘れてしまうのである。

ウーゴさんの奥さんも来て手伝いをしていた。県人会の儀間さんとそっくりだ。7人きょうだいだそうである。両親は読谷村の残波《ざんぱ》岬のあたりの部落出身だという。

敬老会は大きな体育館みたいなところで開かれた。80歳以上の人は40名ぐらいはいた。私がムービーで撮影していたら、あちらから近づいてきた人がいた。戦前ダバオにいて、戦後沖縄に戻ったが、その後ボリビアに来たのだという。式後の出し物で、最初のお祝いの民謡でも真ん中にいたし、子どもたちの三線演奏では後ろの方で指導していた。三線同好会の演技もあって大忙しのようだった。気のせいかもしれないが、沖縄とボリビアだけしか知らない人たちとはちょっと違っている感じがした。

娘と野里さんのまわりにはいろんな人が来て話していたので、私は撮影をかねて動き回りながらアンドレーさんの動きを見ていた。あっちでもこっちでも声がかかって、どこでもビールをがぶ飲みしていた。人気者というより、話しやすいのではないだろうか。おかげでアンドレーさんは、他の人が知らない情報を一杯もっているようだ。

15日（日曜日）朝、ずっとぐずついていた天気が回復したので洗濯をした。

午前中はまず、CAICOの組合長比嘉武浩さんの案内で、資料館を見せてもらった。私と娘は2回目である。それで私は、沖縄からボリビアに来た時の移民の旅行書類をちゃんと撮影し直したり、年表を見直したりしていた。資料館は日曜日で閉まっていたのだが、毎月15日にお年寄りのために食事の配食サービスをしている女性たちがいたので、話した。われわれが話した女性も読谷《よみたん》村出身で、読谷出身者は多いとのことだった。

続いて協同組合の建物の中で、比嘉さんからCAICOについての説明をきいた。

CAICOは第一～三オキナワの農協を統合したものである。1971年に法人化された。98年にオキナワは独立した自治体（ムニシピオ）になった。

模型をみながら、設備の説明をしてくれた。ここでも品種改良についてきいてみたのだが、そういうことはやっていないそうだ。ただ、大豆とトウモロコシの種子でアルゼンチンとブラジルから入ってくるものについては適用試験をしているそうだから、すでにGM種子が入ってきているのかもしれない。

CAICOでまとめて交渉したり買い取りしたりすることで金銭的に、あるいは税金支払いの上で有利になるのでまとめてやっているという説明だった。

農作物の損害保険などは、CAICOでは扱っていないそうだ。それは耕作者の個人的なリスクということになる。

コロニア・オキナワで中心的な作物は大豆と小麦である。小麦は7割がペルーに輸出されている。トウモロコシは、国内での生産が不足しているため輸出はできなくなった。その他の生産物としては、サトウキビ、ソルゴ（飼料用のモロコシ）、ひまわりなどがある。サトウキビは干ばつに強い作物ということで2003年度から2004年度にかけて導入された。

いったん栄順さん宅に戻って、朝から準備していた弁当を食べた。

アンドレーさんも来ていて、何でも昨夜は朝の4時半まで飲んだのだそうだ。ほおが酒焼けでか、赤くなっていて、まん丸い目をしているので、マンガの主人公みたい。

昼食後、役場のそばでやっている文化祭ないし運動会のような行事を見に行った。テントの下でないと日が照っていて暑い。助役の比嘉次雄さんがボリビア人のオキナワ村長たち幹部と一緒にいたので、アンドレーさんが行ったら、われわれも一緒に座っていいよと言われたそうで、座らせてもらった。村長たちと一緒にミス何とかが数名いた。彼女たちは身長が高く、スタイルはよかったが、特に美人とは思えなかった。

しばらく綱引きとかみていたら、立ててある黒い棒をよじ登って、てっぺんにぶら下げてある品物をとるゲームが始まった。登れた者は100Bs.、参加者は20Bs.もらえるのだそうだ。黒い棒には牛の油が塗ってあって滑るので、普通の登り方では登れない。最初は砂を黒い木にまぶしながら登ろうとしていたが失敗だった。続いて男3人が肩車して、3人目の男が何とかよじ登って品物のいくつかをとった。後でウーゴさんからきいたところでは、品物の中に現金が入った袋もあって、それがお目当てなんだそうである。今は、私が見たたように砂をつけたり、綱を縛ったりすることが認められているが、昔の方が体が油で真っ黒に汚れるし、力も違い面白かったという。

オキナワといっても、村会議員5人のうちウチナーンチュの議員は2人だけである。そのうちの1人イケハラサカエさんが同じテントにいて、娘が話をきいていた。

娘のメモによると、イケハラさんは二世だが、親は読谷の楚辺《そべ》出身で、こちらの高校を卒業後、1981年から19年間も日本にデカセギで行っていて、電気工学関係の資格も取ったそうだ。

その時の経験から彼は、オキナワには本土とは違う沖縄の文化があると評価し、その伝統を残していこうと活動している。日本本土と違って、誰にも指示されず、拘束もされない文化があるというのである。そしてそういう文化を残さないとさびしいという考えから、彼はここで地域づくりに取り組んでいる。

役場のおエライさんたちが解散した後、比嘉次雄さんが役場内の執務室で話をきかせてくれた。マリコさんも同席した。

比嘉さんは2008年にブラジルの移民百年記念集会があった時のボリビアの県人会会長で、その時に彼から誘われてわれわれはコロニア・オキナワにも行くことになったのである。現在はもう会長はやめて、幹事の仕事も来年までとのことである。

比嘉さんは一世である。昭和28年生まれで、当時60歳。豊見城村嘉数出身で、7歳の時に第11次移民でこちらに来た。末っ子だそうだ。最初の移住地でうるま病が出て、パロメティアに移動した後、今の場所に移った。たくさんの人が生き延びれたのは野生の動物がいて、それを捕まえて食料にできたからだという。土・日は食料狩りをした。ヤマバトがたくさんいて、自分で弾をつくって猟銃で撃った。サル、鳥、ニシキヘビ、山の動物。魚は池でもたくさんとれた。とったものを保存食料にした。最初は泥水も飲んだ。青い野菜がなくて欠乏症になった。

落ちついてやろうかという気持ちになっていた1968年に水害があり、4分の3ぐらいもの人々がペルー、アルゼンチン、ブラジルに移っていった。残ったのは金持ちと貧乏人で、中間層が抜けた。

比嘉さんのお母さんが、

「だましてね、ごめんなさい、ごめんなさい。来年は沖縄に帰ろうね」

と言っているうちに50年たった。よかったのか、悪かったのか。

稲嶺知事の時に比嘉さんは、入植50周年を記念して資料館をつくった。8割は沖縄県の補助である。

コロニア・オキナワのウチナーンチュの人口は900人ぐらい。結婚する人が少なく、子どもが生まれないのが悩みである。30代は少ない。

農地改革については、今の大統領はボリビアの高地出身で、人口の7割は高地の人なので、不正で手に入れた土地は没収して彼らに分譲しているが、税金を払っていない土地を取り上げて高地の人にわけているということなので、オキナワにいる人たちはこれに該当しないのではないかという。比嘉さんはこのように非常に楽天的な意見だった。

沖縄の「広く浅い」親戚のネットワークの活用ということについては、そんなに意識していないという。比嘉さんはインターネットをやるけど同世代の人たちは使わない人が多いそうだ。方言はだんだん消えていっている。沖縄県からの派遣教師に「方言できるか?」きくと、できないと言うそうだ。

栄順さん宅での最後の夜、最初は栄順さんがいろいろ話すのをきいていた。

栄順さんはゲートボールが非常に上手なのだそうで、南米各地の大会にも出て、おかげであちこち行っているそうだ。

サンタクルスのクルスというのは十字架という意味で、だからサンタクルスというのは南米のど真ん中という意味だよというので、

「そうなんですか?」

と疑問をはさんだら、

「本当はね、天然ガスとかレアメタルとか貴重な資源がたくさんあるわけ」

サンタクルスで頑張ってきたという話と、家族の話が続いた。長男の克也さんの奥さんは34歳で亡くなって、克也さんがマリコさんの協力を得ながら一人息子を育ててきた。

アンドレーさんについては、

「なんでトミヒコってつけたって、まあ自然につけたわけだよね。まちがって、やっぱりまちが

って、つくりそこなって、という…」

するとそれを聞いていた奥さんの照子さんが、怒った表情で、アンドレーは生まれたばかりの時に高熱が出て2週間も続いたのに、父親の栄順さんは何も手伝わなかったと言った。

ウーゴさんは、医者もいないし、いい薬もなく、どうしようもなかったんだという。今だって、オキナワにはクリニックしかないので重病には対応できない。

「じゃ、生きてただけ幸運だったんじゃないかな」

と私が言うと、照子さんは黙っていた。

今、沖縄本島のやんばるも、似たような状況にある。

モンテロ（サンタクルスとオキナワ間にある町）の市場でウーゴさんが「どこの人？」と尋ねられて、「オキナワ」と言ったら、

「アンドレー知ってる？」

と言われたそうで、ウーゴさんは、自分も顔は広い方だがアンドレーには負けると言う。

アンドレーさんは内臓系の重い病気になってウーゴさんが日本から連れ帰ってきた。

「いつも遊んで暮らしてきたから集中してやることができない。病気のふりをして、病気でもないのに薬を飲んで、副作用で顔がむくんで、2カ月で死ぬと言われた。心臓が悪いというけど、そんなことはない。生活保護のためだ」

日本にいたとき、アンドレーさんは生活保護を受給していたのだそうだ。

「お金がなくても飲ませてくれる人がいるみたい。お金をやりすぎて事件が起こっては困る」とマリコさんは言う。

「考えてみたけど、アンドレーって寅さんに似てないかなあ」と私が言うと、そうだ、そうだと皆さん同意してくれた。彼は名古屋では「ボリちゃん」の名前で有名だったそうだ。

野里さんが、「映画になるね。監督は組原先生にやってもらって」と言うので、「それならアンドレー報告書を送ってもらわないと」

そんな話しをしていたら夜中の12時半になっていた。

16日（月曜日）朝、着いたときと同じようにウーゴさんとマリコさんが空港まで送ってくれた。途中アンドレーさんの家に寄ってブザーを鳴らしたのだが出てこなかった。オートバイは置いてあったので家にいることは確実だったのだが。空港に着いてから、アンドレーさんから電話が入った。来年は入植60周年なので、その時おいでとのことだった。

チェックインして中に入って、小瓶入りのビールを買った。昨夜ウーゴさんから、サンタクルスにはトウモロコシでつくったビールがあると教えてもらい、また、ラパスのビールは水がいいためおいしいとのことだったので、売店で聞いてみた。たくさんあって判断できなかったので、最初に記されていたＢＯＣＫというのにしたらラパスのビールだった。７％で強かったが、飲んでみたらおいしかった。

栄順さん宅では、ビールを水みたいにして飲んでいて、私もだんだん飲むようになった。パセニャンという銘柄で、4.8%と軽くて飲みやすかった。おかげでボリビア滞在中にだいぶん太ってしまった。この調子だとまた太鼓腹になってしまう。


夕方ブラジルのサンパウロに着いた。島袋清治さんと佐辺早苗さんが迎えてくれた。

2012年に娘がブラジルに行ったとき、佐辺さん宅に泊めていただいた。娘とSkypeしていたら佐辺さんも画面に映って、話もしたので、初めてのような感じがしなかった。その時は私は胃ガンの手術前だったので、今回会ったら、顔がやせたねと言われた。

佐辺さんは国頭《くにがみ》村出身で、1959年に兄を頼ってブラジルに来た。19歳の時である。

この日は、野里さんはまた島袋さん宅に泊まる予定になっていて、そして、娘の荷物も島袋さん宅に置いてあったので、2台の車に分乗して島袋さん宅に行った。

夕食を食べながら、今後の予定をみんなで相談した。とりあえず明日はサントスに行くということが決まった。また、21日にサンパウロで食事会をするということも決まった。この間は、野里さんの希望をききながら、順次埋めていこうということになった。

サントスには、清治さんの奥さんの和子さんと、ちょうど下の娘さんの清美さんも歯科医師の仕事が休みで同行してくれるそうで、そのため、われわれはリベルダージではなくガルーリョスのホテルに泊まってほしいということなので、この前と同じイビスホテルまで送ってもらって、チェックインした。

翌17日（火曜日）、朝9時前に、和子さん、清美さんと野里さんが迎えに来た。

サントスはサンパウロの南だが、まっすぐ行く道は渋滞するからということで、サンパウロの東側にあるモジ・ダス・クルーゼスを経由してベルチオガというところまで南下し、フェリーで渡ってから、グァルジャーのビーチを経由し、再びフェリーに乗ってサントスの東側に着いた。ベルチオガまで高い山を越えて行くので白い滝が見えた。私はこのルートは初めてで、面白かった。渋滞を避けるというだけでなく、われわれがサントスには何度も行っているので、このルートを選んでくれたのではないかと思う。

サントスと接続しているサンビセンテ（那覇市の姉妹都市）までぐるっと回ってから、日系人会館に行って、そこの食堂で食べた。戦争中いったん接収されたようで、歴史のある建物である。非常に大きな食堂だった。寿司もあって、おいしかった。

昼食後、コーヒー博物館に行った。港の一番奥の方にある。この前来たときは閉まっていたので、中を見たのは初めてだった。移民との関連がよく分かる。

移動中は、車の中で、娘は和子さんの話をきいていた。和子さんはいとこが引受人となって13歳で中1の時にブラジルに来て、こちらの学校に来た。みんなよい人たちでいじめられたりせず、すぐになじめたそうだが、ポルトガル語の動詞をおぼえるのに苦労したという。ポルトガル語やスペイン語は動詞の変化をおぼえないと使い物にならないので、私もブラジルに行くたびに動詞の変化表をコピーして思い出すようにしているが、もう使えるというにはほど遠い状態になってしまっている。

そのあとまっすぐサンパウロに戻ってきて、私と娘はリベルダージ駅前のホテル・アカサカに落ちついた。古巣に戻ってきてすごくいい気分だった。すぐに近くの日系スーパーに行って食べ物や飲み物を買ってきた。そして、たまっていた洗濯をした。

18日(水曜日)はビラカホンに行った。この日も清美さんが休みを取ってつきあってくれて、ビラカホン近くの地下鉄駅で待ち合わせてから行った。ビラカホンはウチナーンチュがたくさん住んでいる区域である。最初に、知花真勲《ちばなしんくん》さん宅に行った。ちょっと前、沖縄の読谷で会って話をきいた娘の洋子さんもいた。

そのあと近くのフェイラ(露天市)に行った。ものすごく大きな野菜市場だった。商売している人も買い物客もウチナーンチュが多く、娘も知り合いのおばさんにあった。やんばる出身だというおばさんがやっている店でサトウキビの汁と四角いパステルを食べた。中にいろんなものを入れて揚げてある。

食べ終わってから、リベルダージの近くにある沖縄県人会に行く。そこで野里さんは、野里さんのお父さんの親戚で、ブラジルへの渡航時にクリチバの島袋秀子さんと同船だった女性と会って、ずいぶん話し込んでいた。県人会副会長（現・会長）の島袋栄喜さんのお姉さんがこの人の近所に住んでいることから、県人会で会うこととなったらしい。

栄喜さんはコザの諸見里《もろみざと》出身の一世であるが、ペトロブラスというブラジルの石油会社で働いていて、南西石油の買収に関わった。そのため2008年から1年間東京、そして2年間沖縄にいたそうだ。それで、リカルド・セムラーのことを知っているか尋ねてみたら、知っていた。セムラーという人はちょっとブラジル人離れしているという。講演会に聴きに行ったそうだし、彼の書いた『奇跡の経営』も読んだようで、上から押しつけるのではなくみんなが参加する経営を提唱している、と。とにかく、セムラーを知っている人に会えてうれしかった。

栄喜さんはこれから10月に那覇祭があり、パレードに参加するミス琉装と一緒に行くそうだった。

この日から野里さんは佐辺早苗さん宅に泊まることになっていて、県人会のあと一緒に行った。早苗さんの夫は前年4月1日に亡くなったのである。その直後だったのに、娘がサンパウロにいる間滞在させてくれた。娘さんが4人いて、その三女がメキシコ県人会長のエリアスさんの弟と結婚してここに住んでいて、沖縄食堂を経営している。われわれが来ている間にエリアスさんの弟がちょっと戻ってきたのだが、忙しそうで、すぐにまた出かけた。エリアスさんとそっくりな顔立ちだった。

四女で、歯科医師をしていて、大学でも講師をしている人も帰ってきて、一緒に夕食をしてから、われわれは地下鉄でホテルに帰った。

19日（木曜日）の朝、佐辺さんが野里さんをホテル・アカサカまで連れてきて、野里さんと娘と3人で田里友憲さん宅を訪ねた。

野里さんは伊佐浜移民というのを調べていて、ブラジルに住んでいるその関係者を探していた。それが見つかったというので訪ねて行ったのである。

伊佐浜移民については、ネットを検索すると、2008年5月20日（火）沖縄タイムスに「伊佐浜移民体験記に　土地接収　一家南米へ　5年で帰国」という記事がある（http://zaiokibeigun.ti-da.net/e2167176.html）。私はまだこの記事を読んでいないが、これは澤岻安三郎さんの体験記で、『伊佐字誌』に載っているようだ。

地下鉄のサンタナ駅まで行って、そこからタクシーでサンタナに隣接しているカーザ・ヴェルジの田里さん宅に行った。

大きな建物で、アパートみたいに見えたのだが、呼び鈴は一つだった。押してちょっとして男の人が2階から顔を出した。そしてわれわれを招じ入れてくれた。それが友憲さんだった。他に男の人がいて食事していた。

友憲さんは、しばらくは鋭い目つきでわれわれを見つめ、警戒している様子だった。

佐辺さん、島袋さんが伊佐浜移民のことを知っている人に当たってみたらすでに亡くなっていて、その人のいとこか甥が友憲さんの親戚に当たっていると電話してきて、それで友憲さんのことが分かった、と野里さんが事情を説明した。友憲さんは、

「話にならん。思い出したくない。あれ考えたら前に進まんもんね」

と言ったが、それでも、野里さんの質問には答えてくれた。

田里さんは、サンパウロ州西部のマリリア近くに位置するトゥパンの島袋耕地といわれているところに10家族一緒に入植した。9家族が残って、1家族が沖縄に帰った。帰ったのが澤岻さんの家族である。

沖縄では伊佐浜の家は壊されて追い出された。米軍に接収された土地の軍用地料は当時微々たるもので、たばこ代ぐらいにしかならなかった。

その話をしているところに友憲さんの奥さんが顔を出した。800キロ離れているゴイアス州の田舎に農場を持っていて、土曜日に帰ってきたところだという。

お孫さんもちょっと顔を出した。英語の先生をやっていて、バンドもやっているとか。

友憲さんは結婚してからすぐに入植した。友憲さんはこちらに来るときお金がなく、フェーラで農作物を売っていた。切りつめて節約して、仕事の合間にズボンを縫って一生懸命やった。接収された軍用地の賃貸料は受け取らないでそのままおいてある。

ブラジルに移民したのはなぜ、と野里さんが尋ねると、

「米軍の下にいるより出た方がいいと思ったから。米軍のやり方にあきれておったから。琉球政

府が八重山に視察に行ったが、土が浅かった。何もならん。出ていくなら大きな国に出て行った方がいい」

住居を壊されても補償は何もなかった。野里さんによればお金が出ているそうだが、友憲さんは何ももらっていないし、そういうことは聞いていないそうだ。

友憲さんは昭和7年生まれ、奥さんは昭和8年生まれだというから、ふたりとも80歳以上になっているが、若々しくて、とてもそのように見えない。

トゥパンの入植地にいた人たちはみんな家族みたいだったそうだ。われわれがボリビアに行く前に会った97歳の島袋千代さんも先にトゥパンに来ていて一緒で、友憲さんの奥さんはお世話になったという。

友憲さんたちは4、5年は貧乏暮らしだった。2年ほどトゥパンにいた。サンパウロ州のもっと奥のマットグロッソのそばに山を買ったが、土地が悪くて伸びなくて、サンパウロに出た。友達が売るというからスーパーを買った。サンパウロの西方に車で1時間ぐらい行ったバウエリという町である。

サンパウロに出てからは、みんな忙しいから、トゥパンで一緒だった人たちに会ったこともないという。いとこなども年に1回会うかどうかだそうである。

現在は、上述のようにブラジリア近くのゴイアスの田舎に農場を持っていて、2週間ごとに田舎とサンパウロの間を行き来している。トラクターが入らないところは牧場にしていて、以前は牛が2000頭いたけど現在は400頭前後だそうである。農作物の植え付け時期は2カ月間ゴイアスの農場にいる。つくっているのは輸出用の大豆、トウモロコシ、米である。

ブラジルは、最初は苦労したが、慣れたら住みよいところだという。しかし、台風はないけど、突風もあって大変よ、とも言う。

日本に帰るという考えはなく、ふるさとはこっちだ、こっちが天国だ、と。日本は遊びには上等といい、実際ビジネスクラスで日本に帰るのだそうだ。

沖縄から来たときカツオとみそを持ってきた。「うんとおいしかった」そうだが、1週間後には飽きてしまった。遺骨もトートーメーもこちらに全部持ってきた。お墓はこっちでつくった。レンガで内側を作って、黒石をはった墓だそうだ。行事は全部沖縄と一緒だが、料理の重箱は最初だけで、今は皿を使っている。

国籍は日本のままである。子どもたちはブラジル国籍だけで、ややこしくなるから日本国籍を留保はしなかったそうだ。日本の国籍を持っていると、米国に入国する場合など便利なのだが。日本に行くときは米国を経由しないでヨーロッパ経由だそうである。

お手伝いさんは雇っていない。奥さんにいわせると、慣れたら悪いことをする、と。

友憲さんは今、米国に対しては反感はないと言う。

「そんな気持ちがあったらこっちで仕事できないもん」

話すうち、友憲さんの表情もだんだん和やかになっていった。それでも、別れ際に、

「スーパー見せられるけど、明日の朝見る?」

と来たのにはビックリした。娘と一瞬顔を見合わせて、

「お願いします」

と、私は言った。金曜日から土曜日にかけて、娘とふたりで弓場農場のあるアリアンサ移住地を見に行こうかと考えて、旅行社に問い合わせ中だった。しかし、1泊で行くには時間がかかりすぎて無理かなと思っていたので、この案は捨てることにした。

リベルダージに戻ってきて、旅行社で娘が日本に帰る日を1週間延長する手続きをした。

それから知念明先生と落ち合って、知念先生宅に行った。前にも述べたように知念先生とは1988年の日伯商法セミナー以来のつきあいである。家はモルンビーという高級住宅地にある。知念先生宅に着いたら、まず、先生の『DA TERRA DO SOL NASCENTE(日の昇る地から)』という本をもらった。かなり前から両親のことを書くと言っていたのを実現されたわけである。

知念先生のお父さんは1936年に移民してきたとのことであるから、戦前移民になる。今回野里さんの親戚と会ってきたが、だいたいが戦後移民である。比較してみると、日本や沖縄との距離感が相当違う。知念先生は確かに、ブラジルと沖縄・日本との交流に熱意を持っていろいろやってこられたのだが、今ひとつピンと来ない。ブラジルで成功されて、すっかりブラジル式になってしまっているためである。

戦前の移民はお金が貯まったら日本に帰るという前提であった。帰らなかったのは、戦争になっ

て、日本が負けて、帰りようがなくなったからである。一方、野里さんによると、戦後琉球政府は、移民は永住するようにと設定していたようで、田里友憲さんなど見るとその通りでしょう。にもかかわらず、戦前移民の人はもうすっかりブラジルに定着した感じがする。両者の間でデカセギに対する態度にどういう違いがあるか、調べたら面白い。

ちょっと雑談してから、食事しながらの話になった。話の中で知念先生が、ブラジルの経済はうまくいっていない、というので理由を聞いたら、一つは政治がよくないという。これは昔から言われていることで、汚職が多いということである。もう一つは国際的な問題で、ヨーロッパの景気が悪くなって輸出入が落ち込んでいることと、中国の安い製品がたくさん入ってきて太刀打ちできないということである。同じ理由でメルコスル（南米共同市場）に入っているアルゼンチンもうまくいっていない、と。

渡されたばかりの本にざーっと目を通したら、ブラジルと日本の経営の比較を対話形式でやったところがあった。それで、セムラーは知っているか、きいてみたら知っているそうだ。しかし、セムラーの考えはブラジルには合わないと知念先生は言う。自由すぎるのが問題だと。ブラジル人は教養、教育程度が高くないので、日本のようにはうまくいかないというのである。また、ブラジルの会社では社長と一般社員とでは給料が全然違い、高い人はどれぐらい高いのか分からないぐらいだし、下の人は最低賃金で働いている。みんな一緒にというのができるのが沖縄のやり方ではないかというのである。

普通のブラジルの会社が知念先生の言われるような状態であることは事実である。

暗くなってから、リベルダージまでまた大渋滞の中を送ってもらって、それから野里さんを地下鉄で送っていった。ちょっと行かないうちにサンパウロの地下鉄路線は延長されたり、まったく新しい路線が出来たりしている。しかし、車がどんどん増えるので、もう絶望的な状況と思われる。

20日(金曜日)の朝、佐辺早苗さんが野里さんと一緒にホテル・アカサカに来た。早苗さんは友憲さんに直接には会ったことはないが、早苗さんの兄が友憲さんと移民するときの船が一緒だったのだそうだ。それで、田里友憲さんと会って話してみたいという。

前日と同じように、サンタナからタクシーで友憲さん宅に行く。着いたら、早苗さんはさっそく友憲さんの奥さんと話し始めた。道が込むから早く行こうと友憲さんにせかされて友憲さんの車で出発した。奥さんは留守番である。

サンパウロの市街地からプレジデンテ・カステロ・ブランコ高速道路に入って、オザスコで降りてからちょっといったところにある、ジャパンという名前のスーパーのうちの一つに行った。ばかでかいスーパーだった。スーパーに行くというから、どんな店かと思っていたのだが、予想をはるかに超えていた。早苗さんが、

「言葉もないねえ」

と言うのももっともだ。日本だとダイエーなどのショッピングセンターのような感じである。従業

員は200人以上、店の面積は3000㎡、駐車場も同じぐらいある。

この店は友憲さんの五女がみているそうで、店内をざっと回ってから、その2階にあるレストランに入ったところで五女も顔を出した。バイキング式のレストランで食事をしながら話した。五女は14年間栃木にデカセギで行っていたそうである。見たところ普通のお姉さんにしか見えない。友憲さんも社長にはとても見えない。

デザートに、私はロミオとジュリエットというのを食べた。チーズにゴイアバ（グァバ）のジャムをかけたもので、味のマッチングがよいことからこのように呼ばれているそうである。

食事のあと、店の裏側の倉庫をみてまわった。こちらも巨大だった。

このように成功した理由は信用だという。約束したことはちゃんと守る。借りたものは返す。倉庫で働いている従業員は、みんな親しげに話してくれた。熱心に仕事をしている姿は生き生きとしていた。従業員管理に何か秘訣があるのかと聞いたら、特に何もしていないとのことだ。

「ほんとだったら、1週間に1回、会議をやらんといかん。でもやらん。あまり上からきゅーきゅーしたら……」

各部署には責任者がいて、その集まりはあるようだが、沖縄的にテーゲーなのか。

「でも、従業員も正規で雇っている人とパートの人に分かれるんでしょう？」

ときいたら、そういう区別はしていないそうだ。もちろん自分からやめる人はいるけど、安定した職場のようである。

奥の事務室で休んでから、この店からちょっと行ったところにある、一番最初のジャパンに行った。ここはちょっと小さくて半分ぐらいのサイズだが、それでも大きい。ここは長女、三男、弟がみているそうである。

「最初こっちで始めたとき、なんでこんなにやるか、と親父にしかられた」

そのお父さんは10年ぐらいで沖縄に帰ってしまい、母親と子どもたち全員がブラジルに残ったのだという。言葉が通じないのがつらかったのじゃないか、と。

こちらの店でも裏側の倉庫をみてから、事務室奥の、宿直用の部屋で話した。

「裏切られたことはあるけど、今は気にしない。頭から離れないのは、フェーラをしているとき、同じ日本人から、「金はあっても貧乏人の君たちには貸さん」とバカにされたことだ。入る金がないとできん。あればできる。移民者たちは模合（たのもし）によって助けられたというけど、みんながみんなではない。逃げる人もいる。夜逃げ。だいたいは知った人、信用できる人しか入れない。県人会には入っている。しかし、本部にも支部にも行ってない。忙しい。畑みるのが楽しみになっている。町にいる人たちは、うちらの年頃からみんなゲートボールをしている。五人組だから、抜けられないから入らない。移民に出てきたら苦労を覚悟せんと。簡単に出てきたらダメ。手に全部まめができた」

沖縄に帰ってしまった友憲さんのお父さんは軍隊上がりだったのだそうだ。逆に言うと、軍隊向きじゃない人のほうが移民には向いているんじゃないかと、未帰還兵のことを頭に置きながら問いかけたら、友憲さんはしばらく考えて、そうかもしれないな、と言った。ひとりで何とかやっていくのが移民だからね、と。

「牧場では、電気まわりとモーターまわりみている。朝5時に起きて、サイロに風を送る。発電機も起こして、家に帰ってコーヒー飲んで、また行く。終わりはない。疲れたら帰る。

牧場からこっちに戻ったら体が痛い。筋肉が固まる。大豆2400トン収穫する。宜野湾の飛行場より大きい。沖縄は土地がないよー。こっちでは少しずつ土地を買って大きくしていく。大豆で油を絞り、カラは牛のえさにする。大豆は葉の時に害虫がつく。つかないのは危ない。トウモロコシを食べて死ぬ虫もいる」

帰りの車の中でも野里さんは友憲さんから話をきいていた。

カーザ・ヴェルジの家に着いたら、奥さんが洗濯していた。ブラジルに来た当初は、体が弱くて、ウツ状態になって何もできなくなったというが、今は本当に元気そうである。沖縄に行ったら、ついでにハワイのホノルルにいる奥さんの弟さんに会いに行くのだそうである。

帰りは夕方になって、道が込んでいて、タクシーでサンタナ駅に着くまでずいぶん時間がかかった。早苗さんが、リベルダージに新しくできた沖縄そばの店で食べようと言うので、行ってみた。店に入ろうとするところで早苗さんに携帯がかかってきた。沖縄そばの店をやっている三女からで、リベルダージの店で出す沖縄そばは恥ずかしい代物で、沖縄から来た人なんかに食べさせたら恥さらしだ、食べてあとから文句言わないでよー、などと言っていたそうだ。

しかし、早苗さんはどんな味か試してみたいらしく、店内に入って座った。そばとにぎり寿司を注文した。

うん？　これは沖縄そばの感じじゃないね。スープが違う。だしにコンソメを使っている。味も薄くて、食べやすいのはいいが、素っ気もない感じ。麺も、ぼさぼさ。早苗さんも野里さんも半分も手をつけなかった。娘は、お腹がすいていたのだろう、全部食べた。私は半分ぐらい。にぎり寿司もご飯がまずかった。ここまでまずいのは珍しい。多分もたないだろうと私は思うが、本場の味を知らない客が来たらどう思うか、よく分からない。

喫茶店に入ろうということになり、アカサカ横の道路向かいにある喫茶店に入った。アサイーがあったので私がその説明をする。結局四人ともアサイーを注文することになった。しかし、出てきたのは生ジュースみたいなものじゃなくて、味付けしたプリン状のものだった。早苗さんは糖尿病予備軍で甘いものはダメだそうだし、野里さんも娘もあんまり食べず、私も頑張ってみたが食べきれなかった。口直しにカフェーを飲んだ。9時に看板になった。閉店時間は早い。早苗さん、野里さんと別れてアカサカに戻る。

21日（土曜日）は午前10時前に野里さんが親戚の人に送ってもらってアカサカに来た。野里さんの買い物につきあってガルボンブエノの店を見てまわったが、日ざしが強く、私は熱中症みたいな症状になって気絶するんじゃないかと思った。喫茶店で休んで何とかもちなおした。

文協に行くと移民博物館は1時半からだそうで、1時間余りどうするかということになって、ブラジル全体の移民博物館を見に行こうと、地下鉄のサンジョアキン駅からブラス駅まで行った。しかし、駅員さんの話で博物館は3年間休館中であることがわかった。そのままサンジョアキンに戻って、沖縄の宮城さんというやんばるの人がやっている店で軽食後、文協に行く。移民博物館の展示は以前見たときと変わっていないように思われた。

その後、3人ともくたびれきって、タクシーを探しながら歩いてガルボンブエノ通りをホテル・アカサカまで戻ってきたのだが見つからず、結局ホテル・アカサカで寝ころんで休んだ。われわれの部屋はベッドが三つ並んでいて広かった。

4時頃まで部屋でゆっくりしてから、地下鉄でサコマン駅まで行き、タクシーで、早苗さんの三女夫妻がやっている「おいシーサー」という店に行く。昼食の時間後で閉まっていたが、三女はいた。そこから早苗さん宅まで歩いていく。

ちょっと休んでから、まず早苗さんの四女の運転で、佐辺さんの亡くなった旦那さんのお姉さんに家に行く。

それから佐辺さんの長女が迎えに来た車でガルーリョスのシュハスコの店に行く。巨大な店だった。ここでわれわれのための食事会が開かれた。

食事会には、われわれを除いて22人ぐらいが来た。親戚全部が集まったわけではないそうだが、にぎやかだった。

私は野里さんに頼まれてムービーで撮影し、写真もとりながら動いていた。

娘は例によってミーハーな質問攻めにあっていた。私が一緒に来たことも興味を持たれたようである。何者なのか、と。親戚の中にポルトガル系のお嫁さんがいて、日本語は全然話せないので、ポルトガル語で娘にいろいろきいていた。私もちょっと中に入って、ポルトガルと沖縄は似ているのか似ていないのかという議論に加わった。

ポルトガルは貧しい国で、資源も仕事もないことから、ヨーロッパでも一番先に飛び出して、世界中に出かけていったのである。それは裏からいえば、自分の国にあまり誇りを持たないということではないのか、どうか。比較して沖縄はどうなのか。このお嫁さんの見解では沖縄とポルトガルとは人間が違うということみたいだった。

「じゃ、なんでウチナーンチュと結婚しているんですか?」

と反問したら、皆さん爆笑だった。

終わってから、佐辺さんと長女がアカサカまで送ってくれた。

22日(日曜日)は私と野里さんが帰国する日だったが、娘はホテル・アカサカにもう1泊し、同じ部屋をそのまま使うことになった。

私は午前中、毎日書いている原稿を作成した。時計が進むので2日分作成した。昼はアカサカのビルの1階に入っている「一力」という中華料理のキロの店で食べた。

午後2時に、昨夜の食事会で顔見知りになった山城さん夫妻が迎えに来てくれて、ガルーリョス空港に行く。野里さんも、島袋和子さん・清美さんと一緒に来た。娘の大きな旅行カバンを整理してから、このカバンは私が持って帰ることにして、チェックインする。カフェで見送りの皆さんとちょっと話してから野里さんと中に入った。

搭乗するまでに野里さんと、親戚ネットワークをどう評価するかについて話し合った。早苗さんが、「人のつながりってあるもんだねえ」と言ったのに状況が集約されていると思う。沖縄の「広く浅い」親戚ネットワークはなくなっていない。野里さんの親戚ネットワークに乗せてもらって、今回非常に面白い旅ができたと思う。研究という面からは中立性も大切ではあるが、外側から接近するだけでは到底得られないような情報が今回の旅ではたくさん得られた。ところが、ブラジルにいる親戚間では、「広く浅い」付き合いが継続的に広がっていっているかというと、そうではない。何よりも皆さん生活に忙しいということがある。田里友憲さんのように日本でならもう悠々引退かと思われるような状況の人も元気に働いていた。われわれが来たことで、そういう親戚がいるということにあらためて気づかされたという感じのことが多かった。こういう状況から、ウチナーンチュは積極的に親戚ネットワークを利用しようとしているようには見えなかった。門中制度が死後のことを中心に構成されているためもあるだろう。このあたりは中国とは違う。

だから、「広く浅い」親戚ネットワークを活性化させる触媒みたいなものが必要なのかもしれない。かつては、それは生活が貧しいということであった。助け合いが不可欠であった。その必要がなくなったらバラバラになっていくのだろうか？　そのあたり、もうちょっと検討が必要であろう。

定刻の18：45にサンパウロを発った。野里さんとは並びの席になっていなくて、中央通路側の座席で前後になっていた。そういうこともあって、機内ではだいたい寝ていた。

23日（月曜日）午前11過時ぎにフランクフルトに着いた。午後1時過ぎに機中に入って成田に向かった。後半も、最初は眠れていたのだが、私の隣の席が立命館の女子学生で、ドイツでリーダー研修というのをやっていたそうで、そのレポートを作成したり、動いたりするために、私も立たされたりして、どうせなら帰国後の講義準備をしようと思って、名嘉憲夫『領土問題から「国境確定問題」へ──紛争解決論の視点から考える尖閣・竹島・北方四島』（明石書店、2013年）を読み出した。読み出してみたらこの本は非常に面白くて、眠るどころじゃなくなった。ずっと読みっぱなしの状態になって、結局その後はまったく寝ないで読み続けた。歴史の流れと国際法の問題とが密接に関連していることを痛感させられた。

24日（火曜日）、午前8時に成田に着いた。税関も問題なく通過できた。私は、午前9時25分発の空港バスで調布の娘のアパートに帰った。

あとがき

本書の原稿は、毎日書き続ける原稿として書いたので、２０１４年頃にはほぼ全部できていた。私は２０１４年３月の定年前頃に失聴状態になっていたので、定年後旅をすることは困難になるだろうと予想していたら、同年、まえがきにも書いたように両耳に人工内耳をつけてもらえて、またあちこちひとりで動けるようになっている。また、２０１２年に胃ガンの手術をしてから２０１７年で5年が経過し、定期検診からも解放された。

そういうわけで、新たな展望をもてるようになったので、今の時期にまだまとめていない旅の記録をまとめてしまっておこうと決意し、『旅の深層』の続編としてまず本書を書いた。

そして、本書の編集も、『旅の深層』でお世話になった学文社の落合絵理さんにお願いした。

私の最初の海外旅行で、弟と一緒にやったユーラシア大陸横断旅行、最初の海外一人旅であるラテンアメリカ縦断旅行についてはすでにまとめ終えているので、可能であれば今後はまず、沖縄に最初に来たときまでの経緯を本にまとめたいと考えている。

２０１７年10月１日　那覇にて

組原　洋

著者紹介

組原　洋（くみはら　ひろし）

1948 年鳥取市生まれ
1972 年東京大学法学部卒業
1974 年司法修習修了
弁護士・沖縄大学名誉教授
著書
『改革を続ける英国の図書館』（共著・リブリオ出版企画，2003 年）
『オランダ・ベルギーの図書館』（共編著・教育史料出版会，2004 年）
『学力世界一を支えるフィンランドの図書館』（共編著・教育史料出版会，2008 年）
『旅の深層―行き着くところが、行きたいところ　アフリカ、ブラジル、ダバオ回遊―』（学文社，2013 年）
「現代沖縄農業の方向性　序論」（共編著・沖縄地域学リポジトリ，2017 年）
などがある。

旅の反復　世界のウチナーンチュを訪ねて
―― 父と娘の旅道中

2018 年 1 月 30 日　第 1 版第 1 刷発行

組原　洋 著

発行者　田中　千津子
発行所　株式会社 学 文 社

〒153-0064　東京都目黒区下目黒 3-6-1
電話　03（3715）1501 ㈹
FAX　03（3715）2012
http://www.gakubunsha.com

©Hiroshi Kumihara 2018　Printed in Japan
乱丁・落丁の場合は本社でお取替えします。
定価は売上カード，カバーに表示。

印刷所　新灯印刷

ISBN978-4-7620-2759-8